만화로 보는 맥주의 역사

만화로 보는 맥주의 역사

BEER

농업의 탄생에서 크래프트 맥주의 혁명까지,
세상 모든 사람들이 즐기는 맥주의 모든 것

글 조너선 헤네시, 마이클 스미스
그림 아론 맥코넬, 레터링 톰 오르지코우스키

계단

일러두기

- 참고문헌과 추가로 보면 좋을 자료는 thecomicbookstoryofbeer.com에서 찾을 수 있다.
- 책은《 》, 글과 미술 작품은〈 〉로 구분했다.

들어가며
세상 사람들이 가장 즐겨 마시는 음료
뚜우우!
으으음, 퓨우우
하비에르
전화 좀 받아. 진짜!

뭐야, 조나스와 올리버가 여기 왔다구? 지금?
조나스는 급하게 일이 있어 왔구. 올리버는 잠깐 들른 거래. 공항에서 하도 오래 기다려서 죽겠단다. 기분 좀 풀어달래.
근데 들어봐. 좋은 소식이 있어.
쉬이익-
따악!
조엘이 말이야, 걔가 요리사 까던 음식 블로거한테 SNS로 막 들이댔던 거 알지?
응
근데, 걔들 지금 완전 난리 났어. 서로 좋아 죽어. 결혼하려고 지금 부모님 만나러 간대.
뭐? 진짜? 와~. 조엘이 결혼을….
이거 말고도 일이 많아. 우리 지나네 집에서 함께 보기로 했는데,
맥주 좀 사 갖고 올래?
근데, 야, 니가 맨날 먹던 그건 제발 갖고 오지 마라.
새로 이사도 했고, 직장도 바뀠는데. 이제 그런 건 좀 그만 먹자.
조엘이랑 결혼하는 애가 샌프란시스코에서 레스토랑을 한대. 그러니까 우리도 좀 좋은 인상을 주는 게 좋지 않겠냐?
알았어. 내가 좋은 델 알아.

WEST POINT MARKET
어디더라?
와!
BEERS
Pale ALe Special

이런, 어디서부터 둘러보지?
OF THE WORLD
람빅? 비터? 쾰쉬? 포터?
좀 도와 드릴까요?
예, 어~ 질문이 좀 그런데,
뭐가 좋을까요?
맥주요?
맥주는 다 좋죠!

맥주, 시원하게 들이켜고 싶은 강렬한 욕망을 불러일으키는 마력의 음료.

세계 어디를 가더라도 사람들은 커피나 와인, 심지어 콜라보다 맥주를 더 많이 마신다.
NESLO
NILO
NILO
NESCOLA

맥주는 정말 없어서는 안 될 음료다.
비어(beer)는 고대 라틴어인 비베레(bibere)에서 온 것으로 여겨지는데 그 의미는 '마신다'라는 뜻.
BIBERE
맥주는 뭔가를 마시는 행동 그 자체와 같은 뜻에서 출발했다고 할 수 있다.

맥주를 그냥 먹고 버리는 가벼운 음료수 정도로 여기는 사람도 있긴 하다.
하지만 다시 생각해보면,
Funky 544
맥주는 어디에서나 마실 수 있는 음료, 그 이상이다.
아주 먼 옛날부터 존재했으니 말이다.
이 점토판에는 사원을 짓던 노동자에게 나눠주던 맥주 배급량이 기록되어 있다. 고대 수메르. 기원전 3300~3100년
많이 알려지지는 않았지만, 인류 역사에서 맥주는 빼놓을 수 없는 중요한 역할을 해왔다.
지금은 단지 시원하게 마시는 음료수 정도로 생각하거나,
아니면 음식과 함께 먹는 마실 것 정도로 여기지만,
상당히 오랜 세월 맥주는 음식이었다.
곡물, 효모, 물 … 그렇지 않은가?

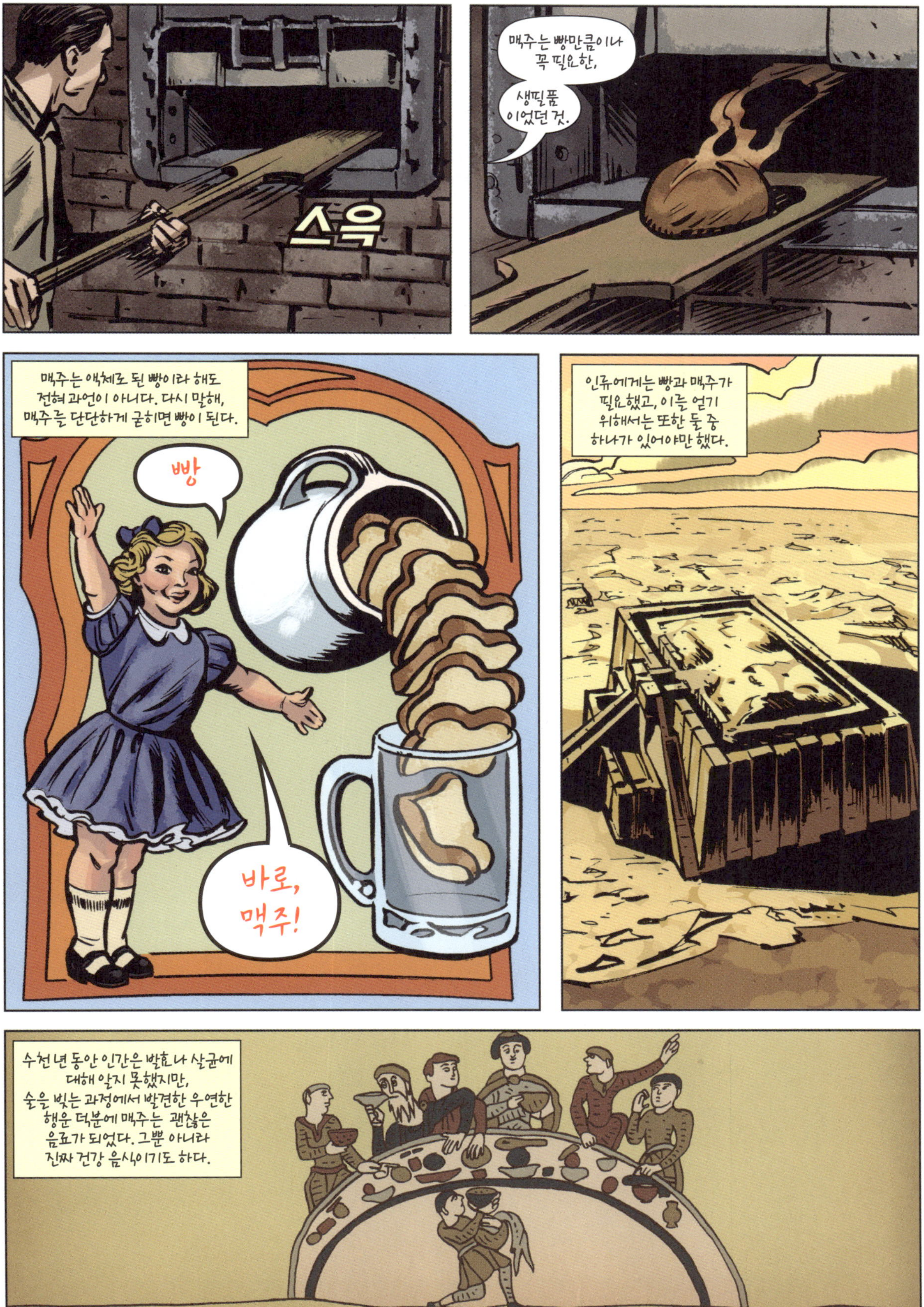

기원후 1070년경, 베이유 태피스트리

맥주는 그야말로 인류가
생존할 수 있게 해주었다.
아니, 번성하게 해주었다.

유대계 독일 화가인 막스 리버만의 〈뮌헨의 비어가든〉, 1884년

영국의 시인, 존 테일러, 1637년

남아프리카에서는 주술사의 치료 의식에 수수로 빚은 줄루족의 전통 맥주를 이용했다.

파블로 피카소의 〈담배 파이프와 맥주 한 병〉, 1913~1914년

맥주의 역사는 곧 인류의 역사이기도 하다.
사람들은 언제나 맥주를 마셨고,
맥주를 좋아했던 많은 사람들은 다양한 문화를 형성하기도 했다.
맥주에는 인간의 위대함도 담겨 있지만,
우리의 수많은 결함이 녹아 있기도 하다.
맥주의 역사에는 가족과 사랑, 열광과 전쟁, 과학과 미신, 약탈과 경쟁심, 자유와 독재가 얽혀 있다.
합리적 이성과 흥청망청하는 방탕도 함께한다.
정확한 시점은 알 수 없지만 현재까지 밝혀진 과학적 증거에 따르면 맥주의 역사는 적어도 6000년 전으로 거슬러 올라간다.

Chapter One 1장. 아주 먼 옛날의 맥주
Beer in the Ancient World

바위투성이에 바람이 몰아치는 스코틀랜드의 한 섬에는 마크리 무어라는 유적이 있다.
고대인류에게 그곳은 초자연적인 의미가 있었던 것 같다.
그들은 황량한 대지에 돌로 신비한 원을 여럿 만들고 거대한 돌기둥을 쌓았다.
이곳도 스톤헨지와 마찬가지로, 지금은 사라져버린 신비주의 예식과 관련된 유물이라고 짐작된다.
여기서 기원전 3000~2000년 전의 토기 조각이 발견되었다.
그런데 거기에도 곡물로 만든 술을 담았던 흔적이 있었다.
우리는 아주 오랜 세월 맥주를 마셔왔을 뿐 아니라,
삶에 큰 의미가 있는 장소나 전통, 중요한 의식의 자리에서 늘 맥주를 함께했다. 멀고 먼 옛날에도 우리에게 맥주는 귀한 존재였던 것이다.

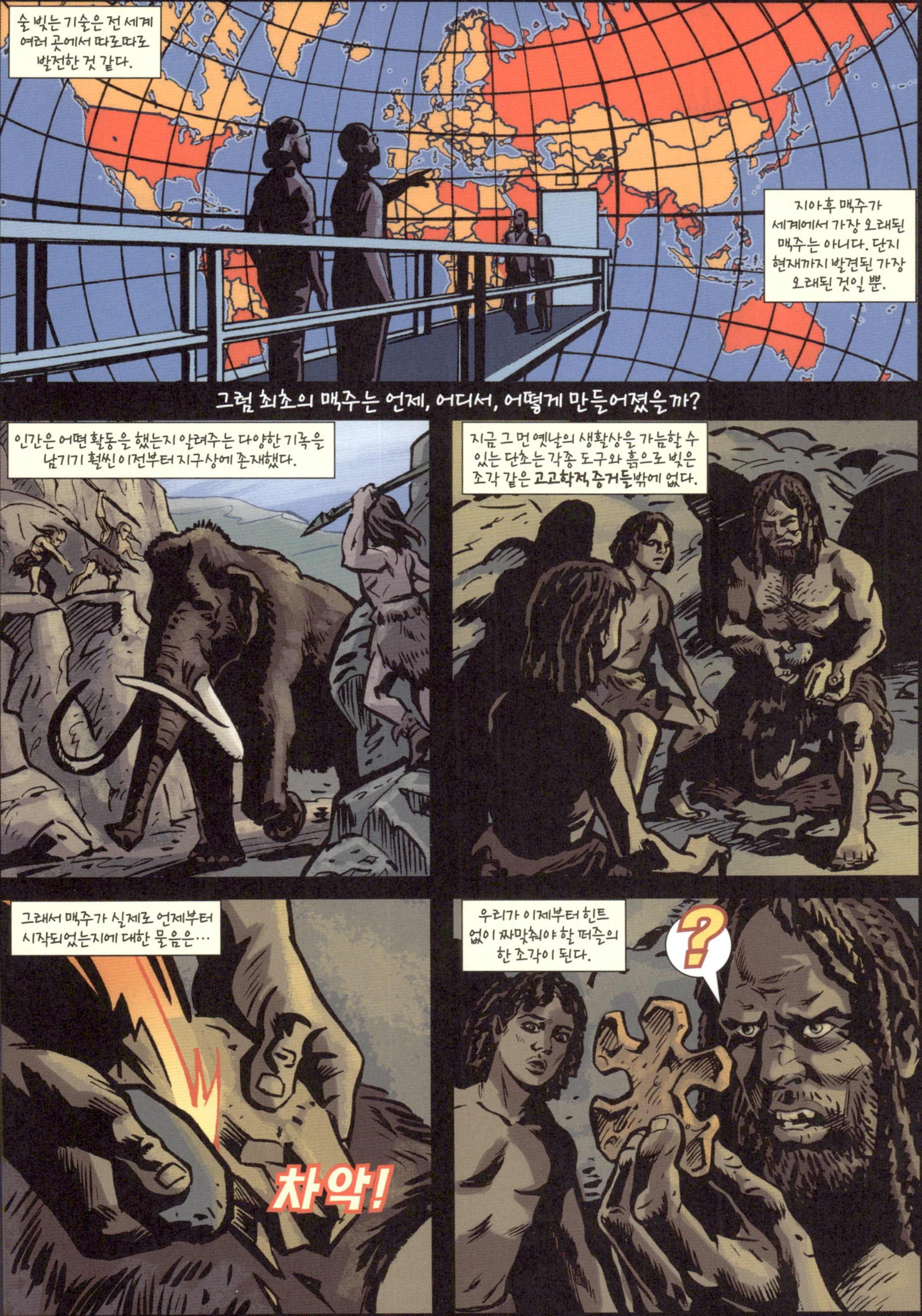
술 빚는 기술은 전 세계 여러 곳에서 따로따로 발전한 것 같다.
지아후 맥주가 세계에서 가장 오래된 맥주는 아니다. 단지 현재까지 발견된 가장 오래된 것일 뿐.
그럼 최초의 맥주는 언제, 어디서, 어떻게 만들어졌을까?
인간은 어떤 활동을 했는지 알려주는 다양한 기록을 남기기 훨씬 이전부터 지구상에 존재했다.
지금 그 먼 옛날의 생활상을 가늠할 수 있는 단초는 각종 도구와 흙으로 빚은 조각 같은 고고학적 증거들밖에 없다.
그래서 맥주가 실제로 언제부터 시작되었는지에 대한 물음은…
차악!
우리가 이제부터 힌트 없이 짜맞춰야 할 퍼즐의 한 조각이 된다.
?

이 떠즐 조각은 약간의 문제는 있지만, 그래도 아주 흥미로운 단서다.
바로 도기 안에 담았던 액체의 흔적이 잘 보존돼 있기 때문이다.
그래서 오늘날의 과학자들에게 이런 도기는 아주 흥미로운 연구 대상이다.
도기 자체는 상당히 앞선 기술로,
약 2만 년 전에 중국에서 처음 그 모습을 드러냈다.
최초의 맥주는 아마도 동물의 가죽이나 나무통 같은 자연 용기에서 만들어졌을 것이다. 하지만 이런 것들은 고고학자들이 발견하기도 한참 전에 썩어버렸기 때문에, 고고학적 기록은 존재하지 않는다.
그래서 우리는 맥주의 탄생이 어떠했는지 자세히 알 수 없다. 어쩌면 확실한 건 영영 알 수 없을지도 모른다.
하지만 우리는 이것 하나는 알고 있다. 기원전 P000년경 인류는 농업을 발명하면서 엄청난 진보를 하게 되었다는 사실 말이다.

농사를 짓게 되면서 영속적인 마을과 도시가 만들어졌다. 대단하진 않지만 적어도 기존의 정착지를 보다 안전하고 많은 기능을 수행하도록 바꾸었다. 이런 공동체는 인구와 문화, 기술의 폭발적 증가와 발전을 불러오는 디딤돌이 됐다.
꾸준히 안정적으로 식량을 조달할 수 있게 되자, 이리저리 떠돌던 유목민들도 한 군데에 머물기 시작했고,
그러면서 생존에 필요한 최소한의 기술 말고도 다른 능력을 익힐 여유가 생겼다.
만약 농업이 발달하지 않았다면,
지금 손에 들고 있는 책도, 밝게 비추는 빛도,
심지어 글자조차 발명하지 못했을지도 모른다.
일부 학자들은 아주 도발적인 질문까지 던진다.
"만약 맥주가 없었다면, 인간이 농경 생활을 하고, 더 나아가 문명을 발달시킬 수 있었을까?" 라고.
현재 터키의 코냐 부근에 있는 석기시대 차탈회윅 정착지

석기시대의 인간들은 사냥과 채집의 생활방식을 버리고 곡물 기르는 법을 배웠다.
BEER
FOOD
배가 고파서 그런 선택을 했을까?
PRETZELS
HOT DOG
NACHOS
MORE!
아니면 목이 말라서?
어쩌면 너무나도 간절히 맥주를 원했기 때문이 아니었을까? 아니, 처음부터 농사는 술 빚는 것과 관련이 있지 않았을까?
그 이유를 한번 들어보자.
재료: 겉보리, 에머 밀, 왕골 씨, 일립 밀, 다양한 덩이줄기
인간은 자신들의 노동력으로 땅에서 곡물을 얻기 한참 전에도…
이미 많은 곡물을 먹고 있었다.
원산지: (오늘날 기준으로) 시리아, 이란, 이라크, 요르단, 이집트, 팔레스타인, 이스라엘
개량하지 않은 야생의 곡물 알갱이는 소아시아 지방에 널려 있었다.
사람들은 이런 훌륭한 영양소를 마구 주워 먹었고,
이들이 곡물을 먹었던 방식은 아마도 최초의 맥주를 낳았을 것이다.

최초의 맥주는 이렇게 예기치 않게 만들어졌다.
아마도 선사시대 사람들은 야생 보리나 밀을 모아, 빵이 아니라 죽으로 먹었을 것이다.
곡물을 물에 담가 부드럽게 만들어서…
소아시아의 뜨거운 태양 아래에서, 곡물은 쉽게 싹이 텄을 것이고,
이런 묽은 죽을 방치하거나 잘못 보관하면 공기 중의 효모가 들어갔을 것이다.
그럼 발효가 시작된다.
(자세한 것은 2장을 참조)
발효가 시작되면, 묽은 죽은 달콤해지고, 얼마 안 되지만 알코올도 생겨난다.
맛없던 음식이 놀랄 만한 뭔가로 바뀌는 것이다.
'맥주'를 마시고 느낀 취한 기분은 경이로웠고, 곧 사람들의 마음을 사로잡았다.
그건 마법이었다.
이렇게 태곳적 '맥주'는 귀하신 몸이 되어 모든 사람이 원하는 물이 되었다.
그들에게 맥주는 너무나도 특별한 것이라 곧 영적인 의미를 갖게 되었고, 사람들의 문화와 의식 속으로 깊게 스며들었다.
그뿐만이 아니다. 아마도 당시에는 몰랐겠지만, 맥주를 처음 마셨던 사람들은 온갖 영양적 보너스도 함께 얻었다. 발효가 일어나면, 곡물에는 비타민 B, 라이신, 피틴산이 풍부해진다. 맥주를 마시면서 비타민과 미네랄도 함께 섭취하니 대대손손 건강을 유지하는 데 큰 도움이 되지 않았겠는가.
사실 이런 혜택은 비어과 맥주에서 얻을 수 있는 건데 오늘날의 맥주에도 어느 정도는 건강에 이로운 성분들이 들어 있다. 자, 그러니, 이쯤에서 건배!

그런데, 주쥐온 야생 곡물을 다 먹어버렸거나, 혹은 잃어버렸다면 어떻게 했을까?
가뭄이나 이웃 부족의 침략, 화재, 질병 혹은 곤충 떼의 습격을 받았다면?
그리고 만약 야생 곡물로 만든 맥주가 부족에게 영험하고 신성한 존재가 되었다면….
희소성은 원래 근본을 뒤흔드는 실존적 위기를 만들어내는 법.
선사시대에 맥주를 먹던 사람들은 더 많은 맥주를 원했고,
그것을 얻기 위해 엄청나게 열심히 일을 했다.
그들은 오늘날의 인간에 결코 뒤지지 않을 만큼 영리하고 부지런했을 것이다.

물론 '맥주에 의한 농업 발생론'에 대한 타당한 반론도 충분히 있다. 그중 하나는, 도기가 없다면 발효곡물에 열을 가하고, 또 그걸 보관한다는 게 무척 어려운 일이라는 것이다. 도기는 인류 문명이 발달하고 한참 후에나 나타나기 때문이다.

모래 폭풍이 감춰버린 풍경처럼, 머나먼 과거는 그저 흐릿하게 보일 뿐….
최초의 맥주에 대한 고고학적 증거는 다시는 찾을 수 없는 성배일지도 모른다.
하지만 시간의 흐름을 따라가다 보면,
기록으로 남겨진 몇몇 증거를 통해 전체 그림이 조금 그려지기도 한다.
고대인 역시 맥주에 관해 글을 썼고, 맥주에 영감을 받아 예술 작품을 창조했다.
물과 곡물의 결합은 인간에게 취기, 혹은 황홀감을 선사했고, 먼 옛날 사람들에게 이것은 신의 작품, 즉 기적으로 보였을 것이다.
고대 수메르인들은 이런 변신을 담당하는 아름답고 매력적인 신적 존재가 있다고 생각했다.
닌카시 NINKASI
이 이름의 의미는 '나의 입을 채워주는 당신'이라는 뜻. 그녀의 숭배자들 덕분에 우리는 당시 맥주를 어떻게 만들었는지 살펴볼 수 있다.
현재의 이라크 지역에서 고고학자들은 '닌카시에게 바치는 노래'가 적힌 진흙판을 발견했다. 기원전 1800년경의 것으로 추정되는데, 실제로는 훨씬 이전부터 불려진 것으로 보인다.
양조의 여신을 찬양하는 글 말고도 이 노래에는 매우 흥미로운 내용이 담겨 있다. 바로 수천 년 된 맥주 레시피가 기록되어 있었던 것!

"Ninkasi, you are the one who handles the dough [and] with a big shovel, mixing in a pit, the bappir with [date] honey"
"닌카시, 커다란 주걱으로 반죽을 젓는 자여, 구덩이에 바피르와 (대추야자) 꿀을 넣고 섞는구나."
이 구절은 특히 중요하다.
수메르의 바피르는 보릿가루로 구워 만든 일종의 빵인데 이걸 단지에 넣고 물을 부어 적신 다음 다른 재료를 추가하면 발효가 일어난다고 적혀 있다.
수천 년 전의 맥주는 이런 식으로 만들어진 것 같다.
기본 원리는 빵을 물에 던져 넣는 것!
한때 놀라운 첨단 기술이었던 이 양조법은 이미 오래전에 그 매력을 잃었다. 하지만 러시아와 동부 유럽에서 인기 있는 크바스라는 발효 음료는 여전히 호밀 빵을 물에 적셔서 만든다.
기원전 3세기에 쓰인, 히브리어 경전 코헬렛(전도서)에는, 이런 오랜 양조 방식에 대한 증언으로 해석할 수 있는 구절이 있다.
"네가 가진 빵을 물에 풍덩 빠뜨려라. 그리하면 여러 날이 지난 후 (맥주를) 얻으리라."
맥주의 주원료로 빵을 이용할 때 가장 좋은 점은 쉽게 저장할 수 있다는 것이다.
바피르는 빵으로는 거의 먹지 않았다. 대신 맥주와 더 많은 바피르를 만들기 위한 일종의 '스타터'로 보관했다. 오늘날 요구르트나 시큼한 발효 빵을 만드는 것과 유사한 방식이라고 할 수 있다.

거의 매 주말 맥주를 담그지만, 제대로 된 맥주 한 병 얻기가 쉽지 않다고 생각해보라.

동남아시아에서는 지아후와 마찬가지로,
쌀로 술을 빚었다.
쌀로 술을 빚으면 알코올 도수가 더 높다.
알코올이 미생물의 성장을 막아서 중국, 인도, 방글라데시와 그 인근 지역의 술은 더 오래갔다.
중국에서는 오래전부터 술을 끓인 뒤 단지에 담아 밀랍으로 봉하는 방법을 알고 있었다. 원시적인 형태지만 살균과 '병입' 과정을 통해 쌀로 빚은 술을 1년 이상 안전하게 마실 수 있었다.
Ninkasi, you are the one who pours out the filtered beer of the collector vat. It is [like] the onrush of [the] Tigris and Euphrates.
닌카시, 정성껏 만든 맥주를 통에 부어 모으는 자여, 티그리스와 유프라테스의 급속한 발전이 이로부터로구나.
자, 여기서 닌카시의 술통을 한번 볼까? 고대 맥주의 특이한 점 하나가 아마도 놀라울 것이다.
바로 '대롱'으로 빨아 마셨다는 건데, 대롱은 뼈나 진흙, 갈대, 혹은 돈많은 사람들은 귀한 금속으로 만들기도 했다.
많은 고대의 술이 그런 것처럼, 수메르의 술도 진하고 걸쭉했다. 질척한 빵 부스러기에 보리 껍질과 줄기까지! 그래서 입에 넣기 전에 걸러줄 필요가 있었던 것이다.

대롱을 이용하면 좋은 점이 또 하나 있었다. 바로 입속으로 벌레가 들어가지 않는다는 것.
특히 밤에!
고대 이집트에선 맥주가 국민 음료였다.
고고학자들이 발견한 믿을 만한 가장 오래된 양조장이 히에라콘폴리스에 있는데, 기원전 3500~3400년 전의 것이라고 한다.
고대 이집트인들은 오시리스 신이 세상에 문명을 선사했다고 생각했다.
양조 역시 문명의 일부였다.
고대 이집트 신화 가운데 사자 머리의 사나운 여신, 세크메트에 관한 재미난 이야기가 하나 있다.

인간이 신의
사랑을 넘어
너무나도
강력하게
커나가자…
신은 인간에게
죽어야만 하는
운명을 지우면서,
지상으로 세크메트를
내려 보냈다.
세크메트는 자신의
임무를 잘 수행했다.
인간 거의 대부분을
죽여버린 것이다.
그러자 인간은 맥주
7000 항아리를 빚어
세크메트가 좋아하는 인간의
피 색깔로 붉게 물들였고,
이걸 마신
세크메트는
취해서 더는
인간을 죽일 수
없었다.
맥주 덕분에,
인간이
살아남은
것이다.
쿵!

한 상형문자 기록에 따르면, 기자의 피라미드를 지은 노동자들에게 급여를 맥주로 지급했다고 한다.
맥주가 음식이며, 음료이고, 보상의 역할까지 한 것이다.
피라미드를 짓는 파라오에게 맥주가 없었다면? 고고학자 패트릭 맥거번은 이렇게 말했다.
바로 폭동을 맞았을 겁니다.
맥주가 없었으면, 세계의 불가사의도 완성되지 못했을지 모른다.
문자로 기록된 가장 오래된 이야기 중 하나인 바빌로니아의 <길가메시 서사시>.
기원전 1700년경의 글인데, 아마도 그 이전부터 내려오던 이야기일 거라 추정한다.
<길가메시 서사시>에 따르면, 한 여신이 성서의 아담처럼 완전한 원시 인간, 엔키두를 만들었다고 한다.
엔키두는 놀라운 육체적 능력을 갖고 있었고, 행동은 야수와 같았다.

이상한 놈 하나가 초원을 돌아다닙니다.
엔키두는 당시 왕에게 위협적인 존재였다.
누구도 대적할 수 없을 만큼 강한 녀석이에요.
그래서 왕은 샤마트라는 여자를 보내 엔키두를 유혹하게 했다.
둘은 일주일 내내 성적인 환락을 즐겼다.
그리고…
인간들은 엔키두를 식탁으로 이끌고는, 그에게 빵과 맥주를 권했다.
어서 먹어요, 엔키두.
음식이에요. 우리 인간은 이걸 먹고 마시죠.
맥주 일곱 동이를 마신 엔키두는 심장이 뛰고, 얼굴이 붉어지면서 즐겁게 노래를 불렀다.
사랑을 하고, 빵을 먹고, 맥주를 마시고… 이 행위를 통해 엔키두는 '완전한 인간'이 되었다. 맥주를 마시는 것은 지금도 마찬가지지만, 당시에도 아주 인간적인 행동이었던 것이다.

닌카시,
샤마트,
세크메트
이들 여성이
고대의 맥주 이야기에
과연 아무 이유 없이
등장했을까?
맥주의 역사에서 여성은 매우
중요하다. 바로 맥주를 만들고
대접하는 일 대부분을 여성들이
맡았기 때문이다.
양조는 대대로 여성들의 영역인
부엌에서 행해지는상당히
중요한 일 중 하나였다.
맥주는 엄마의 젖, 어머니의 보살핌처럼
우리에게 양분을 제공한다.
아마 연관이 없지는 않을 것 같은데, 전 세계 모든
맥주 광고에는 풍만한 가슴의 여성이 등장한다.
London
Diet
인도에서는 '런던 다이어트'라는, 음식 대신
먹는 저칼로리 맥주를 내놓기도 했다.
히브리 말로 맥주를 뜻하는 '세카르'는,
바빌로니아의 시카루라는 말과 관련이
있는데, 성서에 여러 번 나온다.
민수기(28장 7절)에는,
야훼가 모세에게
이스라엘 백성들로 하여금
하루에 2리터의 맥주를
신에게 제물로 바치라고
했다는 대목이 나온다.
"나를 위하여 제주로
독한 술(맥주)도
성소에 바쳐야 한다."
성서에는 이외에도 맥주에 관한
언급이 잠언 20:1, 31:4, 31:6,
이사야 5:11, 24:P, 28:7,
신명기 14:26에 나온다.

혹시 호텔에 비치된 성서를 보고 있다면 매주에 대한 내용을 찾긴 좀 어려울 것이다.
우리는 보통 맥주 마시는 사람을 교양 없고 거친 사람으로 보곤 하는데…
진짜 수천 년간 그래 왔다.
아마도 성서를 번역했던 학자들이 맥주에 대한 언급을 없앴을 가능성도 적지 않다.
성서에 나온 장소와 해당 시기에 맥주가 풍부하게 널려 있었다는 너무나도 명백한 증거들이 많은 데도 그런것을 보면….
도대체 왜 이렇게 맥주를 홀대하는 걸까?
아마도 서구 문명의 지식인과 지도층은 맥주에 대한 편견을 물려받지 않았나 싶다. 우리가 진리와 아름다움, 정의와 교양에 관한 드높은 사상을 지녔다고 여기는 사람들로부터 말이다.
그들은 바로 고대 그리스인과 로마인들!!

고대 그리스와 로마인들은 포도주의 사도가 되기로 한 사람들이다.
맥주가 아니라…
그리스나 로마에서는 보리나 밀 같은 곡식보다 포도나무가 훨씬 잘 자랐다.
그리고 사실 역사를 들춰봐도 고대 이탈리아 지방에서 맥주를 빚었다는 증거가 없다.
더군다나 그리스와 (수세기 후이기는 하지만) 로마는 둘 다 맥주를 마시는 거친 민족에 둘러싸여 있었다.
그리스인은 이들 맥주 마시는 사람들을 **야만인**이라 불렀다. 트라키아인, 스키타이인, 이베리아인과 켈트족…
"이들 민족은 모두 전쟁을 좋아한다."
플라톤의 말이다.
그래서 그리스인은 맥주 마시는 것을 야만적인 행동이라고 보게 되었다.
그리스의 극작가인 아이스퀼로스는 트라키아의 리쿠르구스를 포도주의 신인 디오니소스의 제자들을 죽이는 '야만족의 왕'으로 묘사하기도 했다.
극중에서 아이스퀼로스는 그에 대한 보복으로 리쿠르구스가 끝내 신에 의해 비참하게 죽게 만든다.

기원후 1세기에 로마의 의사 디오스코리데스는 이렇게 말했다.
맥주는 뇌막을 손상시키고, 부종, 짙은 가래, 상피병을 유발한다.
그리스 식물학의 아버지라 불리는 테오프라스투스는 맥주를 "보리나 밀로 만든 포도주"라고 했는데,
그러면서도 맥주는 식물이 썩을 때 나오는 비정상적인 부산물이며 비위를 상하게 한다고 사람들에게 가르쳤다.
알프스를 짓밟고 야만족을 무찌른 로마 군인들.
로마 장군 율리우스 카이사르조차 자신들의 적을 '가장 용맹한 야만인'이라고 치켜세웠다. 로마의 포도주와 사치품에 그들이 꿈쩍도 하지 않았기 때문이었다.
재미있는 것은, 카이사르가 가장 용맹한 야만인이라고 불렀던 민족이 '벨가이'다. 이들이 바로 세계에서 맥주를 즐겨 마시는 데 둘째가라면 서러워할 벨기에 사람들이다.
로마는 멸망하기 전까지 주변의 수많은 지역을 점령하고 흡수했다. 골족과 심지어는 이집트의 지도층 일부도 이 새로운 지배자의 허세를 뒤따랐다. 이렇게 되자 돈과 지식, 권력이 있는 사람들은 얼마 지나지 않아 맥주보다 포도주를 더 좋아하게 되었다.
맥주는 그냥 하루하루를 사는 보통 사람들이 마시는 술이 되어버렸다.
…이들 하층민에게는 그나마 가장 좋은 기회라는 게 로마의 군인이 되는 것이었다.

End of Chapter One

Chapter Two

2장. 맥주는 어떻게 만들어질까?

THE BREWING PROCESS

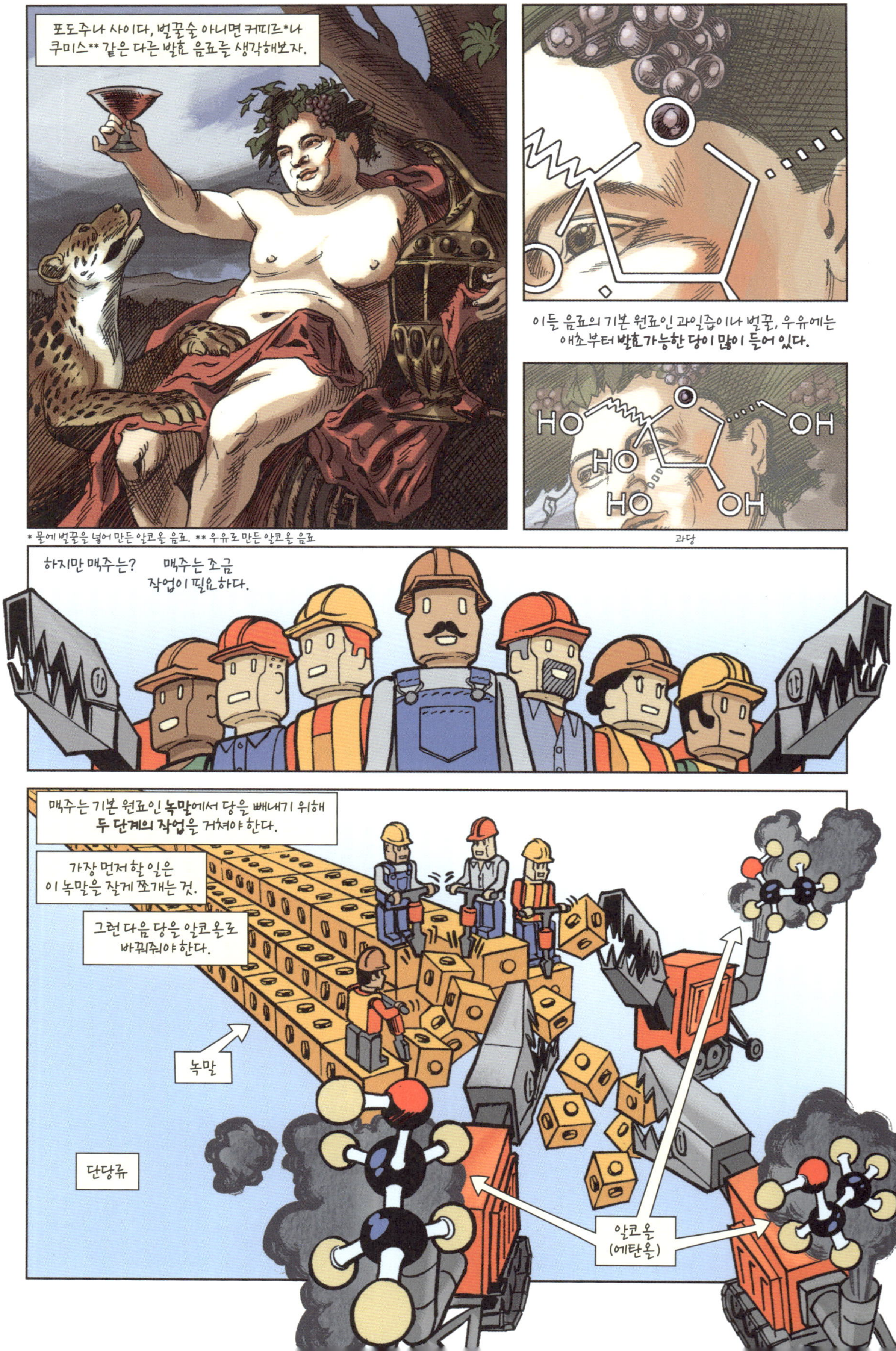

포도주나 사이다, 벌꿀술 아니면 커피르*나 쿠미스** 같은 다른 발효 음료를 생각해보자.
* 물에 벌꿀을 넣어 만든 알코올 음료. ** 우유로 만든 알코올 음료
이들 음료의 기본 원료인 과일즙이나 벌꿀, 우유에는 애초부터 발효 가능한 당이 많이 들어 있다.
HO
HO
HO
OH
OH
과당
하지만 맥주는? 맥주는 조금 작업이 필요하다.
맥주는 기본 원료인 녹말에서 당을 빼내기 위해 두 단계의 작업을 거쳐야 한다.
가장 먼저 할 일은 이 녹말을 잘게 쪼개는 것.
그런 다음 당을 알코올로 바꿔줘야 한다.
녹말
단당류
알코올 (에탄올)

오늘날 우리에게 익숙한
맥주는 대부분 네 가지
주요 성분으로 만든다.
싹틔운 보리, 물, 홉, 효모.
맥주 양조장은 공장이라고
할 수 있다. 보리에서 당을
추출해, 쓴맛을 내는 홉과 함께
끓이고, 효모가 발효할 수 있는
환경을 만들어준다.
TOY SALE
BREWERY
ACTION PLAYSET
BREWERY
보리가 맥주로 변신하는 과정은
양조장 이전에 이미 시작된다.
사실 맥주 양조는 넓게 보면
농사일에서부터 시작된다고 할 수 있다.
농부들은 면밀하게 선택된
다양한 품종의 보리를 길러 거둔다.
맥주 양조에 최적화된 다양한
보리들이 수백 년에 걸쳐 개발되었다.

그다음 과정은 몰스터가 담당한다.
몰스터는 거둬들인 보리를 양조에 적합하게 가공하는 사람이다.
몰트하우스에서 보리의 싹을 틔운다.
보리 알곡에는 겉을 둘러싼 씨껍질 아래에 배가 들어 있다. 이 배가 자라서 새로운 보리가 된다.
새로운 보리가 자라려면 먼저 발아가 되어야 하고,
발아한 보리싹이 성장하려면 먹을 게 필요하다. 이 모든 걸 미리 갖춰놓은 대단한 자연!
자란다
먹는다
배 바로 옆에는 배젖이 있고, 여기에는 에너지가 풍부한 녹말이 보관되어 있다. 이 녹말을 이용해 보리싹은 잎을 만들 정도까지 성장한다. 잎이 나오면 그 후에는 광합성으로 영양분을 조달한다.
그래서 이 녹말은 매우 소중하다.
어린 식물에게는 미래를 위해 저축해놓은 돈인 셈이다.

몰스터는 보리를 물에 담가 씨앗이 자랄 수 있는 일련의 생화학 반응을 유도한다.
할 수 있어.
할 수 있어.
할 수 있어.
그렇지만 몰스터는 보리를 키우는 사람이 아니다. 씨앗이 계속 자라지 않도록 중간에 막아야 한다.
방법은 건조나 굽기.
할 수 있어.
할 수 있어.
할 수…
할…
이렇게 하면 보리의 배가 살아 있기는 하지만, 성장은 잠시 멈춘 상태가 된다. 이것을 몰트라고 한다.
몰트는 이런 상태로 몇 달은 물론 잘하면 몇 년까지도 문제없이 보관할 수 있다.
그래서 가을에 한 번 거둔 보리로 양조자들은 1년 내내 맥주를 담글 수 있다.
만약 그렇지 않으면 계절에 따라 몰트가 부족한 상황이 생길 것이다.
배젖을 보리라는 은행에 맡겨둔 돈이라고 보면, 몰트는 상당히 안전한 투자인 셈이야.
그리고 이제 곧 알게 되겠지만, 양조자들은 성장이 일시 중지된 이 어린 식물을 다시 불러내지.
남아 있는 녹말을 보리싹을 키우는 데 쓰지 않고 중간에 빼낼 거야.
탁
탁
탁

몰스터가 보리 낟알을 건조하는 데 들인 시간과 온도는 고스란히 최종 맥주의 색깔과 볶은 맛으로 나타난다.
JOHN BARLEYCORN ROAST-A-RAMA
페일 필스너 몰트에서
뮌헨 스타일의 비스킷 몰트,
호박색의 캐러멜 맛 나는 크리스털 몰트,
검게 될 때까지 볶은 초콜릿 맛의 블랙 몰트까지, 그 종류는 무척 다양하다.
양조자는 작업을 시작할 때, 볶은 정도가 서로 다른 다양한 몰트 중에서 자신이 사용할 것을 고른다.
맥주는 주로 옅은 색의 몰트를 기본으로 만들지.
하지만 크리스털 몰트나 볶은 몰트 혹은 '특수 몰트'를 신중하게 골라 섞으면 어떤 타입의 맥주라도 만들어낼 수 있다고.
밀짚색, 호박색, 먹물처럼 까만색도 가능하고, 볶거나 구운 맛, 혹은 몰트의 고소한 맛도 낼 수 있지.
싹틔운 밀이나 싹틔우지 않은 다른 곡물도 사용할 수 있어. 다양한 스타일의 맥주에 들어가는 곡물을 부가 재료라고 하지.
맥주의 색은 표준으로 정해놓은 기준과 비교하여 정할 수 있는데, 이 기준을 SRM이라고 한다.
밀짚색의 라이트 라거는 SRM이 2 정도로 낮다. 앰버 에일은 10 정도 되고, 칠흑 같은 스타우트는 40쯤 된다.

레시피에 사용할 몰트의 종류와 양이 정해지면, 몰트를 잘게 부숴야 한다.
몰트를 잘게 갈면, 껍질이 깨지면서 그 안의 내용물이 껍질 바깥으로 노출된다. 이렇게 되어야 몰트에 물이 충분히 스며들 수 있다.
그르르르
물
끼익!
끼이익!
몰트가 작은 알갱이로 갈리면 이제 다음 단계로 진행할 준비 끝!
이제 갈린 몰트를 뜨거운 물에 섞는 당화 과정을 거치는데, 걸쭉한 죽처럼 된 몰트를 매시(mash)라고 한다.
매시를 담은 통, 즉 당화조에서 건조되면서 중단됐던 보리 알곡의 생화학 반응이 다시 일어난다.
몰트에는 녹말이 가득하다는 것을 떠올려보자.
당 분자들이 사슬처럼 길게 연결된 게 녹말이다. 다른 말로 하면 포도당으로 만들어진 일종의 고분자다.

이 효소들은 그 종류가 아주 다양한데, 보통 아밀라아제라고 부른다. 녹말을 긴 덩어리로 쪼개는 효소도 있고,
이 덩어리를 작은 조각으로 분해하는 효소도 있다. 효소들은 최적의 기능을 발휘하는 온도가 약간씩 다른데,
당화 온도를 미세하게 조정하면 다른 효소에 비해 특정 효소에 보다 적합한 조건을 만들어줄 수 있다.
덩어리가 작을수록 발효가 더 잘 일어나, 맥주가 드라이해진다.
반대로 큰 덩어리들이 많으면 달콤한 맥주가 만들어진다.

녹말을 당으로 효과적으로 전환하기 위해 적절한 온도까지 열을 가하는데, 여기에는 서로 다른 두 가지 당화법이 있다.
전통 영국식 인퓨전 당화
전통 독일 혹은 유럽 대륙식 디콕션 당화
인퓨전 당화에서는 빻은 곡물가루를 일정량의 뜨거운 물에 그냥 섞는다. 이론상 당화는 62.5°C부터 68.5°C 사이에서 일어난다.
디콕션은 약간 더 복잡하다. 곡물가루와 물을 실온에서 섞은 다음 매시의 일부분, 약 1/3 정도를 빼낸다.
이렇게 덜어낸 매시를 끓여서 원래 매시에 다시 넣는다. 당화 온도를 이런 식으로 서서히 올린다.
고전적인 3단계 디콕션 당화는, 37°C에서 시작해 세 번에 걸쳐 온도를 올린다. 왜 하필 37°C였을까? 온도계가 없던 옛날, 온도를 정확히 맞추는 방법이 **팔꿈치를 넣어** 확인하는 것이었기 때문.
당화에서 디콕션과 인퓨전은 독일과 영국 양조 전통의 다양함을 보여주는 사례 중 하나일 뿐이다. 이런 차이는 앞으로 계속 나타난다.
이제 당화가 끝났다. 녹말이 모두 분해된 것.
팅!
하지만 갈 길은 아직 멀다.
뭉글뭉글하고 물이 뚝뚝 흐르는, 오트밀 같은 달콤한 액체와 곡물 껍질은 이제 어떻게 해야 할까?
다음 단계는 바로 **라우터링**. 필요 없는 곡물 알갱이와 껍질을 걸러내 달콤한 맑은 액체, 즉 **워트**를 얻어내야 한다.

(흑사병이 돌던 중세시대에는 재채기만 해도 '건강하라'는 인사와 함께 맥주를 권했다고 한다. – 옮긴이)

최근에 세워진 최첨단 양조장에서는 이 곡물 찌꺼기를 생물반응기(bioreactor)의 재료로 사용하여 양조 작업에 필요한 전기를 만들어내고 있다.

자, 이제 워트를 모아 끓임솥에 넣어볼까?
이렇게 끓이는 데는 다른 목적도 있거든?
맥주의 세 번째 주요 재료에서 쓴맛을 내는 레진을 추출해내는 거지.
바로 홉이야.
몰트가 맥주의 기본이라면, 홉은 빠질 수 없는 양념이지.
홉은 삼과에 속하는 꽃이 피는 덩굴식물로, 쓴맛의 산과 향긋한 오일이 들어 있다.
이들 성분이 맥주에 놀라운 풍미를 만들어준다.
이런 산과 오일이 워트에 들어가게 하려면, 홉을 팔팔 끓여야 한다.
열을 가하면, 휘발성이 있는 홉의 오일이 일부 날아가면서 워트에 쓴맛이 밴다.
맥주에 오일의 향을 깊게 하고 싶다면, 홉을 더 많이 넣어야 하는데, 특히 오일이 많은 홉은 끓이는 작업 거의 마지막에 넣어 살짝만 끓인다.

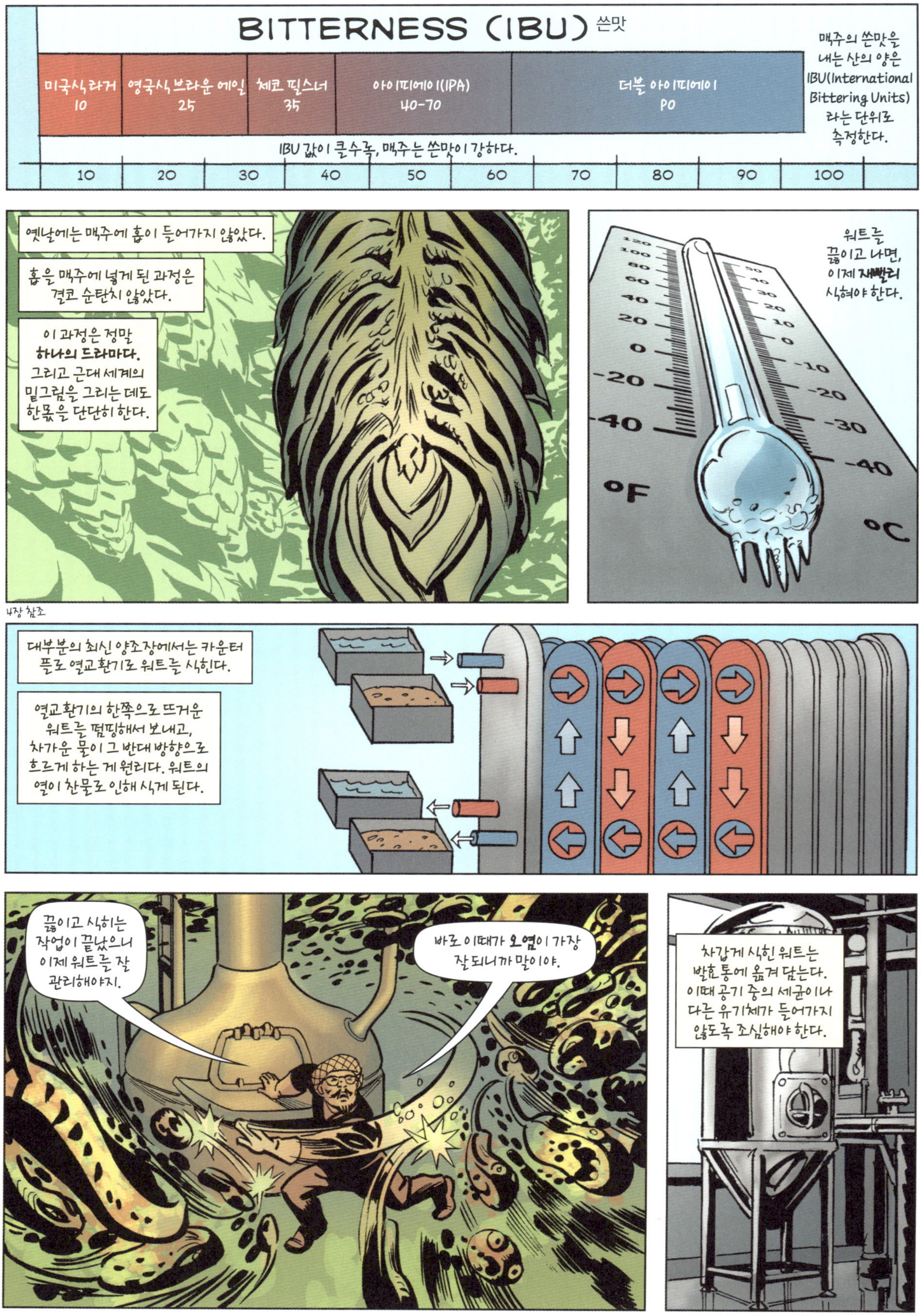
BITTERNESS (IBU) 쓴맛
미국식 라거 10
영국식 브라운 에일 25
체코 필스너 35
아이피에이(IPA) 40-70
더블 아이피에이 90
맥주의 쓴맛을 내는 산의 양은 IBU(International Bittering Units)라는 단위로 측정한다.
IBU 값이 클수록, 맥주는 쓴맛이 강하다.
10 20 30 40 50 60 70 80 90 100
옛날에는 맥주에 홉이 들어가지 않았다.
홉을 맥주에 넣게 된 과정은 결코 순탄치 않았다.
이 과정은 정말 **하나의 드라마다.** 그리고 근대 세계의 밑그림을 그리는 데도 한몫을 단단히 한다.
4장 참조
워트를 끓이고 나면, 이제 **재빨리** 식혀야 한다.
120 100 80 60 40 20 0 -20 -40 °F
50 40 30 20 10 0 -10 -20 -30 -40 °C
대부분의 최신 양조장에서는 카운터 플로 열교환기로 워트를 식힌다.
열교환기의 한쪽으로 뜨거운 워트를 펌핑해서 보내고, 차가운 물이 그 반대 방향으로 흐르게 하는 게 원리다. 워트의 열이 찬물로 인해 식게 된다.
끓이고 식히는 작업이 끝났으니 이제 워트를 잘 관리해야지.
바로 이때가 **오염**이 가장 잘 되니까 말이야.
차갑게 식힌 워트는 발효통에 옮겨 담는다. 이때 공기 중의 세균이나 다른 유기체가 들어가지 않도록 조심해야 한다.

이제 워트에 가장 중요한 일을 할, 단 하나의 미생물을 넣을 차례군.
바로 효모!
효모는 맥주의 핵심 재료로, 살아 있는 생명체지.
사람은 워트를 만들고, 맥주는 효모가 만든다.
차르르르
이 말을 기억하자. 우리는 아주 작은 생명체가 활동할 무대를 마련할 뿐이라는 것을.
효모는 워트의 당을 먹고 알코올과 이산화탄소를 만든다.
이 생화학 과정이 바로 발효인 것이다.
맥주의 알코올 도수와 스타일에 따라, 발효는 짧게는 3일에서 1주 혹은 2주까지 걸리기도 한다.
그래도 겨우 일주일이면 끝이다.
밭에서 보리를 수확해, 싹을 틔우고, 구웠다가, 다시 갈아서, 뜨거운 물에 잘 섞었다가, 껍질은 빼고 맑은 워트만 걸러내, 홉을 넣고 끓이는 데 비하면….
이런 각 단계마다 양조자들은 최종적으로 만들어지는 맥주의 특성을 결정할 선택들을 한다. 그러고 나면, 할 일은 기다리는 것뿐. 최고의 맥주가 탄생할 모든 변수들을 제대로 조절했다고 확신하면서.

효모가 이용 가능한 모든 당을 발효하고 나면, 일종의 동면 상태로 들어가 발효조의 바닥으로 가라앉는다.
이걸 응집이라고 한다.
이 단계에서 효모를 떠내어 새로운 워트에 넣으면 그곳에서 또 발효가 일어나지.
동면 상태에 들어갔던 미생물이 깨어나 처음부터 발효 과정을 다시 시작하는 거야.
한 배치의 맥주가 만들어지면서 또 다른 배치의 맥주를 낳는 거지.
중세에는 다음번 양조에 쓰기 위해 효모를 떠내는 것을 '신의 뜻'이라고 했다.
'신의 거룩한 은총' 덕분에 이뤄지는 일이라고 믿었기 때문이었다.
어떤 종의 효모는 수백 년은 아니더라도 수세대에 걸쳐 배양되었다.
그러면서 특정 맥주 고유의 맛을 내는, 독특한 효모 종균으로 진화했다.
효모가 발효를 마치고 나면, 마침내 맥주가 완성된다.
La Lorraine
Lorraine
La Lorraine
이렇게 만들어진 맥주를 통에 넣고 며칠 보관하면 숙성이 되고, 남아 있던 효모도 모두 가라앉는다. 맥주의 풍미가 살아나고 원숙해지는 것이다.

어떤 맥주는 맛이 자리를 잡는 데, 5~6일밖에 걸리지 않는다.
파락 파락 파락 파락 파락
12
Friday
하지만 어떤 맥주는 숙성(혹은 보관)하는데, 수주 혹은 그 이상이 걸리기도 한다.
숙성 기간 중에 맥주에 홉을 직접 넣기도 한다. 이런 드라이호핑을 하면, 맥주에 풍부하고 신선한 향을 불어넣을 수 있다.
이 상태의 맥주에는 아직, 특유의 거품이 없다. 봄베에서 탄산가스를 강제로 넣거나,
보다 전통적인 방법으로, 자연 탄산화를 유도하는데, 이를 위해 설탕이나 워트를 약간 넣는다.
이 정도의 당은 사실 남아 있는 효모에게는 한밤의 야식거리밖에 되지 않는다. 효모는 이걸 먹고 탄산가스를 만들어낸다.
이 과정을 거치고 나면 비로소 병이나 캔에 주입하거나 케그에 담아 세상으로 내보낸다.
비옥한 메소포타미아 삼각주나 고대 이집트와 중국을 비롯한 세계 여러 곳에서는, 고인 물에 빵을 던져 넣기만 하고는 자연이 알아서 만들어준 술을 마셨다.
그러다 고대 로마가 한창 번창했을 때는, 과학의 맹아 단계라고 할 수 있을 만큼 의도적으로 통제된 양조가 이루어졌다.
그리고 보리를 싹틔우고 당을 뽑아내는 보다 '발달된' 양조가 보편화되었다.
아마도 근대적 개념의 양조는 고대 로마인들이 만들어 냈을 것이다. 하지만 그들이 야만인이라 불렀던 사람들은 결코 그 맛을 달가워하지 않았다.
'문명'이 침략을 본격화하면서,
그 길을 따라 맥주가 함께 퍼져 나갔기 때문이었다.

맥주 양조 과정
THE BREWING PROCESS
몰팅
물에 적시기
보리 수확
냉각
발효
끓이기
숙성
please DO NOT DISTURB
ZZZ

End of Chapter Two

Chapter Three 3장. 암흑의 시대, 중세의 맥주

Dark Ages and Medieval Beer

5세기, 로마의 시인 오리엔티우스의 말

로마의 마지막 나날을 탁월하게 기록한 에드워드 기번은 이 고대 강국의 멸망 원인을 **종교**에서 찾았다.
GIBBON
한때 다양한 신과 믿음이 공존하던 로마
그런 그들이 신앙을 완전히 바꾸었다.
기독교 제국이 된 것이다.
속세의 기쁨은 버리고, 이웃에게 친절하며 폭력으로 몰아치지 말고 오히려 다른 뺨을 내밀라는 예수의 가르침은,
고대 로마의 황제들과, 감각을 좇던 귀족들의 가치관에는 **정말로 낯설었다.**
간혹 벌어졌던 잔혹한 처형은 히브리인 '왕 중의 왕'의 가르침을 받드는 순교자를 낳았다.

예수는 맥주에 대해 말하지 않았다.
하지만 성서에는 물로 포도주를 만들었다는 대목이 있다. 아주 적은 양의 포도주로 모인 사람 모두를 먹이는 기적을 행한 것이다.
그래서 포도주 애호가들이 예수에 특별한 감정이 있는지도 모르겠다. 아마 그런 영향도 있었을 텐데, 테오도시우스 황제는 380년에 기독교*를 제외한 다른 모든 종교를 불법으로 선언했다.
*그리고 유대교
그래서인지 기독교 교회를 세운 사람들은 포도주를 좋아했다. 하지만 맥주는 업신여겼다.
Frigidus enim zythus. Est autem ægyptiorum quidam potus, sed frigidus & turbidus...sed inflammant potius & insuaues sunt bibentibus & ob vehementem frigiditatem morbos insanibiles pariunt.
"이집트인들의 차갑고 뿌연 음료인 맥주는 그 차가움으로 화를 돋우고 불치의 병을 부른다"는 내용이 적혀 있다.
기독교인은 자신들의 새로운 종교를 포도주와 기어이 연결시켰다.
예수의 피를 포도주에 비유하면서, 성체 성사나 성례에 포도주를 마시는 것을 기독교인의 의무로 여긴 것이다.
알코올과 구원 사이의 이런 굳건한 관계는 나중에 맥주에서 큰 결실을 맺게 된다.
구원을 전파하는 것은 기독교인이 해야 할 일 중 하나였다.
GFCHKM
그래서 선교사들은 자신들이 갈 수 있는 곳이라면 아무리 먼 외국이라도 나가 교회를 세웠다.
Der h. Bonifatius verläßt England, um den Deutschen den h. Glauben zu verkündigen.
오지의 이교도들은 멀고 낯선 사막에서 온 기이하고 새로운 믿음을 받아들였을까?
이들 망설이던 개종자들의 가슴과 머리를 흔든 것은 아마도 맥주였을지 모른다.

맥주 탄생 신화 중 하나로, 독일 감브리누스 왕의 이야기가 있다. 어느 날 목이 아주 말랐던 감브리누스.
물로는 그의 갈증이 채워지지 않았다.
감브리누스는 신들에게 도움을 청했다. 그러면서 다양한 신들과 기독교의 유일신 사이에 싸움을 붙였다.
내 말에 귀기울여주소서. 여러 신들이여, 또 기독교의 신이여!
체르네복과 주피터, 그리고 푸른 옷을 걸친 마리아여!
천둥의 신 토르와 그 밖의 모든 신들이여! 나의 갈증을 풀어줄 단 하나의 신께 종이 되겠나이다.
그러자 감브리누스 앞에 천사가 나타나 맥주 만드는 법을 가르쳐주었다.
잠들어 있는 보리 안에는 맑은 신의 음료가 들어 있으니…
나중에 사람들은 이를 포테나 에일 혹은 비어라 할 것이다.
이를 마신 감브리누스는 기독교 외 다른 모든 신의 상을 당장 없애라고 명했다.
직접 처형도 했다.
꺼져라, 오딘! 사형이다!
콰아앙!
당시가 폭력의 시대이면서 명예와 과시, 격렬한 몸싸움, 강인한 남성의 시대라는 것을 감안하면, 감브리누스의 단호한 명령은 그리 놀라운 것도 아니다.

영어의 '수요일(Wednesday)'에 아직 그의 이름이 남아 있다(Woden's day).

아일랜드의 기독교
전파에 큰 공을 세운 한
인물이 있었으니…
그가 바로 패트릭 성인. 훗날
그는 맥주의 우상으로 떠오른다.
PATRICK BLESS US
패트릭 성인은 아일랜드인이 아니고, 사실 영국에서 건너온 선교사였다. 사순절이지만 그의 축일에는 맥주를 마실 수 있었다.
아일랜드는 춥고 가물어
포도나무가 잘 자랄 수
있는 곳이 아니었다.
하지만 맥주 재료는
널려 있었다.
Dabhach Bride
ST. BRIGID'S WELL
그리고 한 성인이 일으킨
맥주에 얽힌 기적에
관한 이야기 덕분에,
다른 곳에서는
포도주가 누리고 있는
성스러운 지위를,
아일랜드에서는 맥주가
차지할 수 있었다.
브리지트 성인의 이야기가
바로 그것인데, 물,
심지어 자신의 목욕물까지
맥주로 바꾸는 능력이
있었다고 한다.

또 다른 아일랜드의 성인으로 콜룸바(서기 543~615)를 빼놓을 수 없다. 한번은 그가 오딘에게 바치기로 한 맥주통을 우연히 보게 되었다.
전해오는 이야기에 따르면, 콜룸바가 맥주통에 숨을 한 번 크게 불었는데,
하아….
그의 성스러운 입김에 나무통이 폭발해 버렸다고 한다.
퍼어억!
신에게 바치는 술로 포도주 대신 맥주를 사용하는 것만이 초기 아일랜드 기독교의 특징은 아니다.
유럽의 여러 곳에서 그러했지만, 기독교의 조직과 구성에 대해 심각하게 고민하는 사람들이 이곳에도 있었다.
신앙심 깊은 그들은 물질 세계와 깨끗하게 갈라섰고,
수도사가 되었다.
그들 중 일부는 사람을 피해 은둔 생활을 했다. 신앙심 깊은 동료들과 함께 모여 지내는 사람도 있었다. 이것이 나중에 수도원으로 발전한다.
아일랜드에는 수도원 생활의 전통이 특히 가혹하게 자리 잡았다.
어떤 아일랜드 수도사는 멀리 떨어진 위험한 곳에서 영원히 떠도는 추방의 명을 스스로에게 서약하기도 했다.
이들 '평생 순교자들'은 수단 방법을 가리지 않고 신의 말씀을 전파했다.
바람이 당신이 원하는 곳으로 나를 데려가게 하소서, 오! 하느님.

수많은 사람이 기독교로 개종했으며, 고대 로마 기독교인들은 그들의 멸망조차 신이 옳은 일을 하는 것이라고 생각했다.
콰-앙!
그래서 서구 제국의 분열은 그들에게는 더더욱 치욕이었다.
신은 왜 우리를 다른 부족들보다 약하고 비참하도록 내버려두는 걸까? 신은 왜 야만인들이 우리를 짓밟고, 적들이 우리를 부리도록 내버려두는 걸까?
야만인들이 통치하면서, 유럽은 마치 직소 퍼즐처럼, 서로 대립하는 나라들로 산산이 쪼개졌다.
살인을 일삼는 지방의 무장들은 주변 지역을 약탈하고 짓밟았다.
학문은 쓰레기통에 처박혔다. 학문을 기록하고 문학이 담긴 도서관 전체가 영원히 사라져버렸다.

숨막힐 정도로 광대한 영토와 제국의 변방 저 끝까지 사치품을 날랐던 무역과 기술의 발전에도 먼지가 쌓였다.
포도주도 더 이상 남유럽과 지중해에서 원활하게 올라오지 않았다.
유럽의 여러 지역에서 **맥주가 다시 한 번 왕좌를 차지했다.**
일반적으로 '암흑 시대'라고 많이 알려진 이 시기에, 알프스 북쪽의 사람들은 아침, 점심, 저녁 모두 맥주를 마셨다.
맥주는 말 그대로 그날의 양식이었던 것.
심지어 어린이들도 맥주를 마셨다.
아기들도 엄마 젖을 떼고 나서는 맥주를 한 컵씩 먹곤 했다.
이미 한 번 당화를 한 곡물에서 뽑아낸, 상당히 알코올 도수가 낮은 맥주로, 아기들에 맞춰 양조를 했을 것으로 보인다.
그리고 '과학적 양조 기법'이 자리 잡기 전에는, 곡물에서 여러 번 당을 뽑아 맥주를 담그는 것이 일상적이었다는 점도 인상적이다.
로마 시대의 혁신 이후로는 맥주 빚는 방법은 거의 변화 없이 **제자리에서 맴돌기만** 할 뿐이었다.
양조자들은 여전히 공기 중의 야생 효모가 어쩌다 내려앉는 우연에 기대고 있었다.

맥주 스타일: 람빅

LambiC

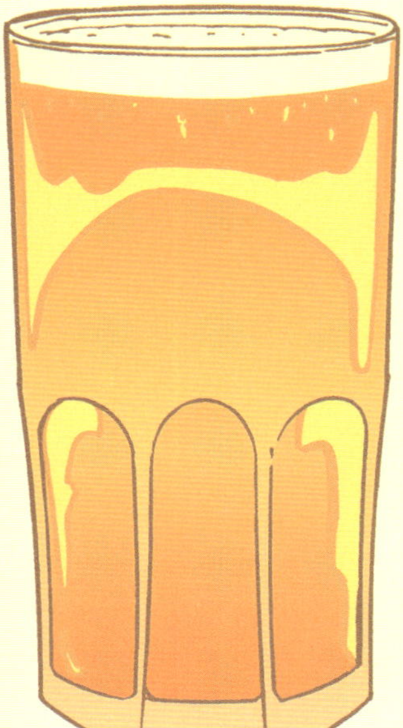

람빅은 세계에서 가장 오래된 맥주 스타일 중 하나다.

벨기에의 제너 계곡에서는 현대의 람빅 양조자들도 중세에 귀를 기울인다.
람빅은 '자연적으로' 발효되는데, 다른 맥주와 달리, 람빅의 워트에는 실험실에서 만든 순수한 효모를 넣지 않는다. 그 대신 대기 중에 존재하는 야생의 효모와 세균이 작업을 한다. 이들 미생물은 커다랗고 뚜껑 없는 '냉각통(cool ship)'에서 워트를 식힐 때 그 안으로 들어가고, 워트에 공기 중의 미생물이 충분히 들어갔다고 생각되면, 양조자는 워트를 나무로 만든 캐스크에 옮겨 발효한다.
이 과정이 길게는 몇 년이 걸리기도 한다.

야생 발효로 만드는 람빅에는 강렬한 신맛과 함께 '쿰쿰한 냄새'가 또렷하게 난다.

람빅은 양조장 안과 그 주변의 독특한 미생물 군집에 의해 맥주의 맛과 질감이 거의 결정된다. 그래서 람빅 양조장에서는 그들의 맥주가 주위에 있는 눈에 보이지 않는 세균과 효모 집단 덕분이라는 것을 잘 알고 있다.

람빅 양조장들은 자신들 고유의 맛과 품질을 유지하려고 꽤 애를 쓴다. 수세대를 거쳐 내려오면서도 벽에 붙은 거미줄 하나까지 털어내지 않을 정도다. 천장의 부서진 타일 조각도 고치지 않고 그대로 둔다. 사실 이런 자연적인 발효는 예측이 불가능하고, 계절에 따라 크게 달라지기도 한다. 매년 일정한 맛과 품질의 람빅을 유지하는 것은 결코 쉽지 않다. 만들 때마다 풍미가 달라지다 보니 그래서 서로 섞기도 한다. 예를 들어, 괴즈는 숙성된 람빅과 갓 빚은 람빅을 섞은 것이다. 괴즈는 병입 발효를 한 번 더 일으켜, 샴페인과 유사한 가벼운 탄산감이 있다.

람빅은 과일과 섞어서도 많이 만든다.

특히 사워 체리를 넣은 것을 '크릭', 라즈베리를 넣은 것을 '프랑부아즈'라고 한다.
야생 효모를 사용한 맥주가 람빅뿐이었던 것은 아니다. 사실 수천 년간 바로 이 자연 발효 방식에 의해 모든 맥주가 만들어졌다. 그러다 아주 최근 들어 벨기에의 람빅 양조장만이 고대의 양조 전통을 지키고 있는 것이다.

벨기에의 사워 비어는 현재 맥주 애호가들 사이에 신기할 정도로 뜨거운 열풍이 불고 있다.

1970년대와 1980년대 크래프트 맥주가 새롭게 붐이 일면서, 열성적인 홈 브루어들이 고대의 사워 비어 양조법을 연구하기 시작했다. 미국의 메인과 미시건주, 그리고 영국의 여러 곳에서 자연 발효가 어떻게 작용하는지 연구하며 활발하게 작업을 이어갔다.
기존에 접하지 못하던 맛에, 그 양도 많지 않아, 이 야생 맥주는 새로운 맥주 맛으로 재발견되고 있다. 그중 몇몇은 세상에서 가장 오래된 방식으로 만들어진 맥주인데도 말이다.

당연히 과거에는 맥주에 브랜드라는 게 없었다.
CATOBLEPAS HEAVY-HEAD
The beer with foam on the bottom!
Χατοβλεπασ
IMMUREMENT IPA
ILLITERACY LAGER
DRIVES OFF IMPS AND FEVERS!
BALANCES THE HUMOURS!
SAINT'S RELIC RED
UNIQUE DIVINE APPENDAGE IN EACH BOTTLE!
로마가 통치할 당시 유럽에서는 어느 정도 '전문적인 양조'가 행해졌다.
하지만 그 후극도로 단순함을 추구하게 되면서 도구, 도기, 양조장은 점점 작고 조악해졌다. 그러면서 전문 양조자도 모두 사라져 버렸다.
그래서 집집마다 맥주를 빚게 되었는데, 대부분 여관집 여주인이나 여자 노예, 아니면 가정주부가 그 역할을 맡았다.
그들 중 양조에 특별한 재주가 있는 여인들이 있었다.
이들은 에일 와이프나 양조장이라고 불렸다.
이들 양조장이들이 있는 곳은 곧 남자들이 모이고 어울리는 장소가 되었다.
이렇게 맥주가 있는 화롯불 자리는 일반인들에게 마실 것을 제공하는 술집으로 발전했다. 최초의 펍이라고 할 수 있을 것이다.

그런데 왜 이렇게… 많은 맥주가 필요했을까?
물로는 갈증을 해소할 수 없었을까?
과학이 발달하기 전 미신을 믿던 당시에는 물에 대해 '쉽게 이해할 수 없는' 관념들이 있었다.
강이나 개울의 수원에는 요정이나 정령이 살고 있다는 믿음이 마을마다 꾸준하게 내려오고 있었다.
사람들은 '물의 요정'이 제물이나 일정한 경의를 표하기를 원한다고 여겼다.
만약 그렇게 하지 않고, 함부로 물을 가져다 쓰면 무서운 저주를 내릴 거라고 생각했다.
당시만 해도, 아직 발효가 어떻게 일어나는지, 맥주가 왜 상하는지 몰랐기 때문에, 당연히 맥주를 만드는 기술을 신비하게 여겼다.
'악마의 마법'이나 '난쟁이들' 아니면 태양의 움직임 같은 우주의 기운이 양조 과정에 작용한다고 생각했다.
도시에서는 위생 기준이 낮아 요즘 기준으로는 아주 온건한 세균도 공포의 대상이 되곤 했다.
마실 물을 공급하는 시설에는 사람과 동물의 분뇨, 각종 오염 물질이 섞여 있었다. 콜레라를 비롯한 많은 질병이 물을 통해 퍼져 나갔다.

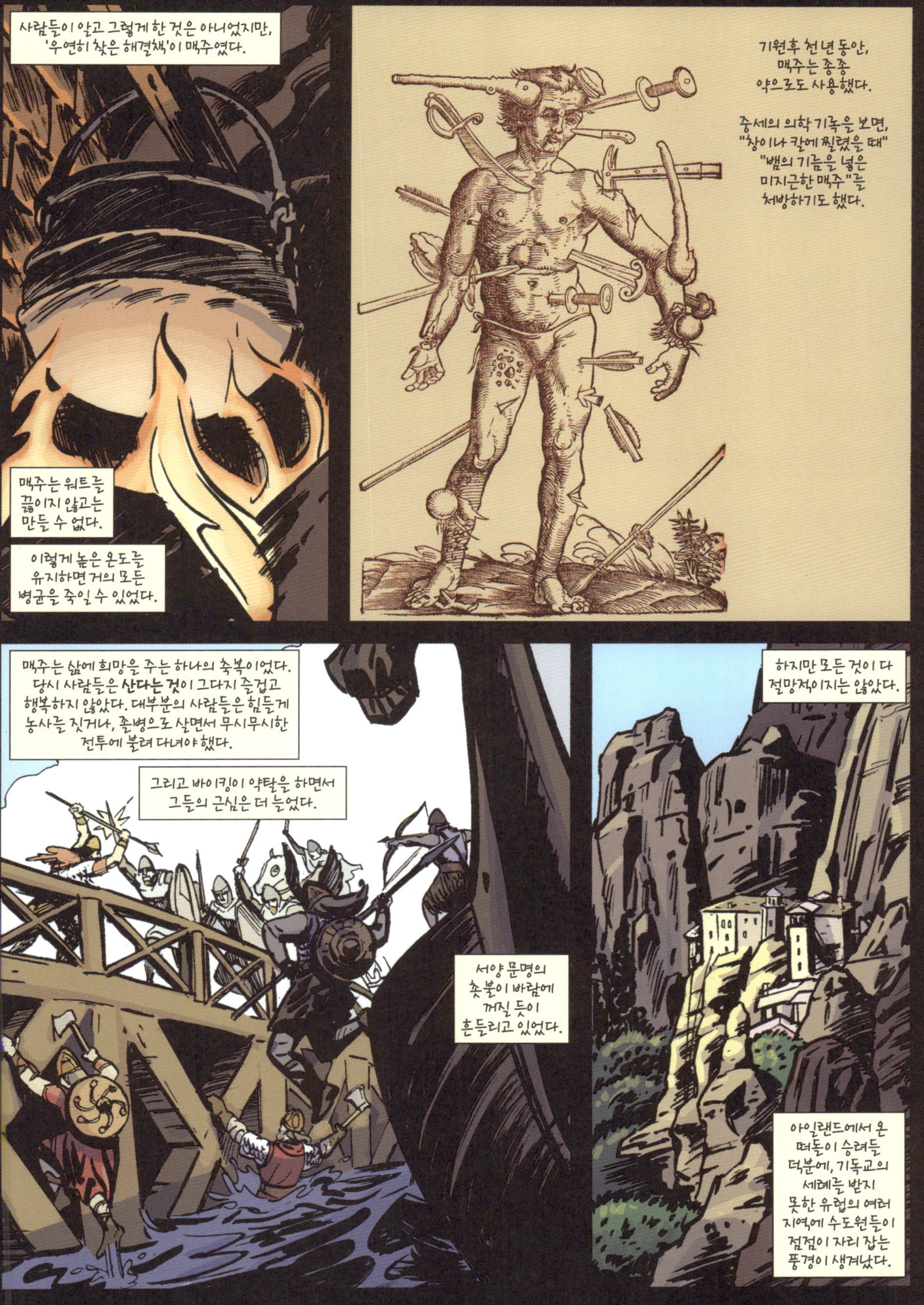
사람들이 알고 그렇게 한 것은 아니었지만, '우연히 찾은 해결책'이 맥주였다.
매주는 워트를 끓이지 않고는 만들 수 없다.
이렇게 높은 온도를 유지하면 거의 모든 병균을 죽일 수 있었다.
기원후 천 년 동안, 맥주는 종종 약으로도 사용했다.
중세의 의학 기록을 보면, "창이나 칼에 찔렸을 때" "뱀의 기름을 넣은 미지근한 맥주"를 처방하기도 했다.
맥주는 삶에 희망을 주는 하나의 축복이었다. 당시 사람들은 산다는 것이 그다지 즐겁고 행복하지 않았다. 대부분의 사람들은 힘들게 농사를 짓거나, 졸병으로 살면서 무시무시한 전투에 불려 다녀야 했다.
그리고 바이킹이 약탈을 하면서 그들의 근심은 더 늘었다.
서양 문명의 촛불이 바람에 꺼질 듯이 흔들리고 있었다.
하지만 모든 것이 다 절망적이지는 않았다.
아일랜드에서 온 떠돌이 승려들 덕분에, 기독교의 세례를 받지 못한 유럽의 여러 지역에 수도원들이 점점이 자리 잡는 풍경이 생겨났다.

지식이 있으면 신을 섬기는 데 도움이 된다는 생각이 퍼져 있어서, 수도원은 학문을 닦는 든든한 보루가 되었다.
어느 날 전사 출신의 왕이 곰곰이 생각해보니 빼앗고 죽이면서 살다가는 지옥불에 떨어지고 말 것 같았다.
그래서 구원받아야겠다는 생각에, 가끔 수도원에 보물과 재화를 갖다 주었다. 하지만…
많은 수도원이 이탈리아 노르시아의 성 베네데토가 만든 수도 규칙에 따라 조직되었는데,
성 베네데토는 수도사에게 하느님에 대한 기도와 농사를 짓는 노동을 함께 하도록 했다.
게으름은 영혼의 적이다. 그러하니 형제들이여, 자신의 손으로 땀 흘리며 일하도록 하라.
자신의 노동으로 살아갈 때, 그대들은 진정한 수도사가 될 것이다.
수도원은 독립을 유지하며 스스로 생활을 꾸려야 했다. 또한 순례자들에게 먹을 것과 잠자리도 제공해야 했다.
이런 제약은 결국 수도사들이 자신들이 마실 맥주를 직접 만들어 먹는 결과를 낳았다.
어쩌면 우리 눈에는 맥주가 청빈을 맹세한 수도사들이라면 즐겨서는 안 될 사치품같이 보일지 모르지만 앞에서도 말했듯이, 맥주는 빵과 같은 필수품이었다. 당시에 맥주는 극빈자들의 빵이자 물이었다. 또 의무적인 종교적 금식 기간에는 맥주가 생존을 위해 필요하기도 했다.
더구나 예수가 술을 마셨다면, 그를 좇는 가장 충실한 신도들도 당연히 그래야 하지 않겠는가?

맥주 스타일:
트라피스트 듀벨

Trappist Dubbel

수도원 양조의 전통은 벨기에의 트라피스트 에일에서 가장 두드러지게 나타난다.

트라피스트 수도원으로 쉬메이, 오르발, 베스트말레, 로쉬포르, (네덜란드에 있는) 라 트라페, (오스트리아에 있는) 엥겔스첼과 더불어, 2014년에 미국 매사추세츠주에 있는 성 요셉의 형제들이 추가되었다. 이 일곱 곳만이 '진정한 트라피스트 맥주'라는 말을 붙일 수 있다.

이 수도원들은 자신들만의 독특한 맛과 향이 가득한 탄탄한 에일을 만든다.

(성직을 받지 않은) 일반인의 도움을 받기는 하지만, 그래도 모든 트라피스트 에일은 수도원 안에서 만들어진다.
트라피스트 수도원은 20세기에 들어와서 맥주를 상업적으로 판매하기 시작했다. 1919년 벨기에의 술집에서 리커의 판매를 제한하는 법이 발효된 것이 주효했다.
이들은 수도원의 재정을 일부 충당하고, 자선 사업 기금을 꾸리기 위해 맥주를 팔고 있다.
수도원에서는 많아야 네 종류의 맥주만 만든다. **듀벨** 에일은 대부분의 수도원에서 만든다. 듀벨은 전통적으로 중간 정도의 도수에 몰트맛이 살아 있는 앰버 에일이다. **트리펠**도 대부분 만든다. 트리펠은 듀벨에 비해 색은 옅지만, 홉의 풍미가 더 강하고, 알코올 도수가 높다(8~10% ABV). 일부 수도원에서는 **파터스비어**(신부님 맥주)를 만든다. 수도원의 수도사들이 마시는 도수가 낮은 맥주다. 마지막으로 쿼드루펠(혹은 쿼드)은 넷 중에서 가장 도수가 높고, 색이 짙은 맥주다.
거의 모든 트라피스트 에일에는 워트를 끓이면서, 발효가 아주 잘되는 캔디 슈거를 상당량 넣는다. 캔디 슈거를 넣으면 은은하고 가벼운 보디감을 유지하면서도 강한 맛이 인상적인 맥주가 된다.

이들 맥주에는 에탄올 외에 과일 향 나는 에스테르와 톡 쏘는 페놀 성분을 만들어내는 효모를 공통적으로 사용한다.

그러면서 복합적인 이 에일에 또 다른 맛이 추가된다.

몇몇 양조장에서 다른 수도원과 공동으로 작업하여 비슷한 스타일의 맥주를 만들지만, 이들 맥주에는 '트라피스트'라는 상표를 붙일 수가 없다. 대신 이들 맥주는 '애비 에일'이라고 불린다.

꽤 많은 사람이 맥주를 원했기 때문에 수도원에서는 종종 대규모로 양조를 해야 했다.
수도사들(그리고 떨어져 지내던 수녀들도) 열심히 일을 하다 보니 중세 맥주의 양과 질 모두 올라갔다.
"형제들이여, 여기서 술을 담그라."
오늘날 스위스에 있는 장크트 갈렌 수도원은 세 종류의 양조 작업에 맞춰 지어졌다. 하나는 순례자와 가난한 사람들에게 줄 맥주, 다른 하나는 수도사 자신들이 마실 맥주, 나머지 하나는 손님들과 그 지역 귀족들을 위한 것이었다.
독일 바이에른의 바이엔슈테판 수도원은 1040년에 양조를 시작했다.
그리고 오늘날까지 맥주를 만든다.
중세 수도원의 양조장에서는 모두 각자의 레시피로 맥주를 만들었다.
새로운 맛을 내기 위해, 온갖 허브와 나무 수액, 월계수, 캐러웨이, 박하, 생강, 심지어 도토리까지 넣곤 했다.
태곳적부터 꿀이나 과일, 그리고 달콤한 맛을 내는 식물들은 모두 비슷했다.
이런 식물들은 1년 중 특정한 시기에만 구할 수 있어서, 특별히 정해진 계절과 명절에만 사용했다.
결혼식에는 브라이드 에일이라는 술 마시는 파티를 열어 축하했다.
BRIDAL
what's hot
FASHION PREVIEW
Stylish New Gowns for Every Bride's Budget
75 RECEPTION IDEAS FROM
오늘날 영어권에서 결혼식, 신부와 관련된 모든 것을 가리키는 브라이들(bridal)이라는 단어가 바로 여기에서 나온 것이다.

암흑 시대의 여러 맥주 향료 중에서 다른 것보다 월등히 흥미로운 맥주 첨가물이 하나 있다.
GRUIT
바로 그루이트. 몰트의 단맛을 중화하고, 맥주에 독특한 맛을 부여하기 위해 가장 흔하게 사용했던 재료다.
그루이트는 여러 향료를 빻아서 늘린 것인데, 맥주를 만드는 곳이면 어디서든 볼 수 있었다.
하지만 그 안에 실제 무엇이 들었갔는지, 오늘날에는 알 길이 없다.
그루이트 만드는 법을 (적어도 일부 지방에서는) 엄격하게 비밀로 부쳤기 때문이다.
아마도 들버드나무가 주재료였을 것 같고,
헤더와 서양톱풀이 들어갔을 것 같다.

맥주 시장의 규모가 커지면서 수익도 함께 늘어나자 이들은 **그루이트 판매권**을 쥐고 마치 마피아처럼 **착취**를 통해 부를 긁어 모았다.

그루이트를 대량으로 구입할 여력이 있는 양조자들은 얼마나 할인을 받을 수 있느냐를 두고 협상을 할 수 있었다. 그러자 시골집에서 소규모로 맥주를 만들던 사람들이 규모를 키우기 위해 도시로 나와 본격적인 비즈니스 차원으로 맥주를 만들기 시작했다.

하지만 **그루이트**를 통해 자기 이익만 채우던 사람들은 세상이 바뀌는 것을 보지 못하고 있었다.
맥주의 혁명이 보이지 않는 곳에서 시작되고 있었고,
완전히 새로운 맥주 첨가물이 온 땅을 적시고 있었다.

그것은 기존의 모든 맥주를 다시 한 번 바꿔놓을 것이었다. 또한, 기름기 잔뜩 낀 그루이트 판매권을 짓밟아버릴 것이었다.

End of Chapter Three

Chapter Four

The Hops Revolution: beer becomes a commodity

4장. 홉의 혁명:
맥주가 생활이 되다

하지만 가혹한 재앙이 때로는 풍성한 진보를 낳기도 하는 법.
함부르크는 모든 걸 맨땅에서 다시 시작해야 했다.
기회는 이런 아주 힘든 노동과 함께 찾아왔다.
함부르크의 양조업자들은 자신들의 양조장을 바꿀 평생에 한 번 올까 말까 한 기회를 잡은 것이다. 맥주 저장실을 고치고 통로를 넓혀 맥주를 만들고 팔기 편하도록 구조를 바꾸었다.
그리고 몇 년 지나자, 함부르크에서 만들어진 맥주는 기존 맥주에 대한 모든 생각을 송두리째 흔들어놓았다.
이제껏 잘 안다고 생각했던 맥주 양조에 새로운 활력을 불어넣은 것은 과연 무엇일까?
한마디로 줄여 말하면, 바로…

홉이다!
앞에서 우리는 홉을 맥주의 '향료'라고 치켜세웠다. 오늘날에는 오히려 홉이 없는 맥주를 찾기가 훨씬 어려울 정도다.
음식에 향을 내려고 향료를 사용하는 것만큼이나, 맥주에 홉을 넣는 것은 흔하고 자연스러운 일이 되었다.
당시 사람들은 식탁에서 아스파라거스를 먹듯이 쓴맛을 내는 홉의 싹을 즐겨 먹었다.
그루이트가 맥주 향료의 올스타 플레이어였을 때, 홉은 벤치나 지키고 있는 신세였다.
ZZZ
아무도 알아주는 이 없이 쭈그리고 앉아 있는…
기원후 820년경이 되어서야 겨우 몇몇 수도원과 수녀원에서 홉을 사용하기 시작했다.
홉 꽃의 레진과 오일은 강력한 항균 작용을 한다.
홉은 맥주에 자극적인 쓴맛을 내는 것은 물론, 보존 기간을 엄청나게 늘린다.
분명히 초창기 수도사나 수녀들은 홉을 넣은 맥주가 오래간다는 것을 알아차렸을 것이다. 그러면서 수도원을 중심으로 홉을 사용하는 사람들이 점점 늘어났다.

맥주에 그루이트를 넣으면 맥주는 만들어진 그곳, 그때밖에는 먹을 수 없었다. 그래서 홉에 의한 기술적 진보는 맥주의 경제 구조 자체를 뒤흔들어놓았다.
MVP
BEER
HOPS!
따박따박 주세를 거두고, 그루이트를 팔아 손쉽게 돈을 벌던, 돈 많고 힘있는 가톨릭 교회와 독점업자들은 홉이 큰일을 낼 거라는 데 생각이 미치기 시작했다.
MVP
BEER
오래 보존 가능하고, 그래서 **쌓아놓고 팔 수 있는** 맥주가 당연히 시장을 휩쓸었고, 그루이트의 판매는 순식간에 곤두박질쳤다.
Gruithuis
1360년대가 되자, 리에주와 위트레흐트의 주교가 샤를 4세에게 그루이트 수입이 줄어든다고 하소연을 했다.
휴우….
그러자 격분한 네덜란드의 윌리엄 3세 백작은 1321년 홉을 넣은 맥주가 자신의 영지로 들어오는 것을 **막아버렸다**.
이처럼 당시 권력자들은 갖은 수단을 써서 홉이 퍼지는 것을 **억누르려 했다**.
으윽….
휘익!
사실 이런 게 그리 놀랄 일도 아니다. 중세에는 권력자들이 **경제적 횡포를** 일삼는 게 아주 흔했으니까.

1278년 노르웨이의 마그누스 6세

이 부분은 다시 한 번 언급할 필요가 있다. 홉 맥주 전에는 맥주가 너무 빨리 상해, 조금만 멀리 떨어진 곳이면 갖다 놓고 파는 것은 물론, 실어 나를 수조차 없었다. 무역 조항이 있더라도 별 소용이 없었다.
하지만 이제 한자 동맹의 배와 항구를 이용하면,
함부르크의 맥주가 벨기에의 플랑더른과 덴마크로 바로 쏟아져 들어올 수 있었다.
사람들은 홉이 주는 새로운 쓴맛을 기꺼이 받아들였다.
암스테르담은 한자동맹 초기만 해도 규모가 비교적 작았지만, 곧 함부르크 맥주가 수입되는 주요 항구가 되었다.
얼마 지나지 않아 네덜란드인들은 홉 맥주의 완제품을 분석해 그 레시피를 찾아냈다. 그리고 맥주 시장에서 한자 동맹을 맺은 다른 나라들을 앞서기 시작했다.
작은 촌락에 불과했던 암스테르담이 맥주를 사랑하는 오늘날의 세계 정상급 도시로 성장하는 출발점에 선 것이다.
The Gruitfather
그루이트로 돈을 뜯어가던 사람들은 상대를 제대로 만났다. 그루이트는 더 이상 힘을 쓰지 못했고, 그걸로 돈을 벌었던 사람들과 함께 역사 속으로 사라져 버렸다.

세금을 뜯어내던 사람들은 다른 전략으로 돌아섰다.
그루이트에서 걷지 못하는 돈을 홉에 세금을 매기거나 맥주에 소비세를 부과해 채우려고 했던 것.
하지만 그렇다고 예전 상태를 회복하진 못했다.
맥주와 무역은 독재자들에게 큰 타격을 입혔고,
그 후로도 이런 치명타는 여러 차례 계속됐다.
인근 지역만 오가던 무역이 전 세계로 확장되면서, 좋은 일만 일어난 것은 아니었다.
상업을 통해 많은 것을 얻었지만, 성공에는 대가가 따랐다.
1348년.
크리미아에 갔다가 이탈리아의 항구 메시나로 돌아온 무역선도 바로 그랬다.
선원들은 알 수 없는 갈색 고름이 가득한 수포와 고열에 시달렸다.
쥐와 쥐벼룩이 옮기는 예르시나 페스티스. 나중에 흑사병으로 불릴 무서운 전염병이 시작된 것이다.

1340년대, 연대기 작가 조반니 빌라니

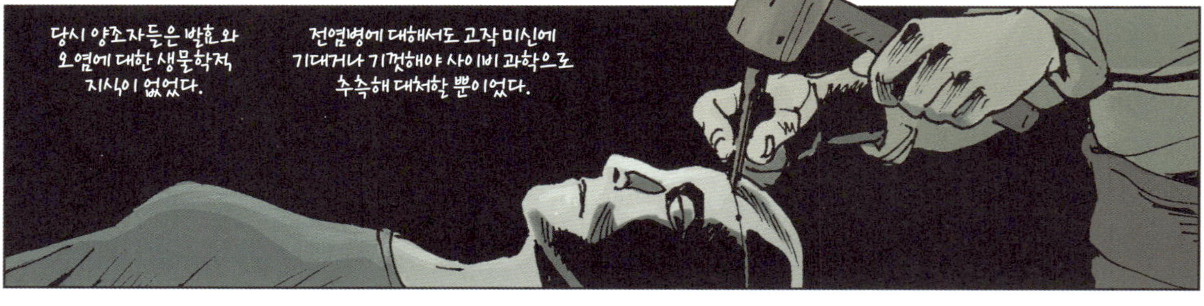

전염병이 죄인에 대한 신의 벌이라고 믿은 사람들도 많았다.
고행자들은 가시 박힌 가죽 채찍으로 자신을 내리치면서 이 마을 저 마을 돌아 다니곤 했다.
짝!
짝!
짝!
회개하라! 회개하라!
교회에서는 현인들의 이야기를 들려주며 그럴듯한 제안을 하기도 했다.
옷을 단정하게 입고, 성모 마리아에게 기도를 드리고, 성직자들에게 기부하라.
전염병으로 죽은 사람이 너무나 많았고, 시장에는 곡물이 바닥났다. 당연히 음식 그리고 맥주 값이 치솟았다.
그리고 살아남은 사람들에게는 일자리가 넘쳐나기 시작했다.
특별한 재주가 없는 여자들, 마구간을 돌보던 아이들도 이제는 1년에 12플로린을 줘야 한다고. 돈 밝히는 사람들은 18이나 24 플로린까지 달라고 한다니까.
1363년, 역사학자 마테오 빌라니
역설적이지만, 전염병의 슬픔과 공포가 생존자들의 삶의 질을 높여주었다.

인구는 줄어들고 노동자의 지위는 높아지는 패러다임의 변화가 일어나면서 문명은 탈출구를 찾았다.
그중 하나가 기술 혁신이다.
전염병을 겪으며 수도사와 전문 필경사의 지위는 크게 약화되었다.
지식을 보존하고 전파하기 위해, 한 자 한 자 책을 베끼던 일은 도저히 상대가 안 되는 적수를 만났다. 그것은 바로 인쇄술!
인쇄술의 발명은 지식의 확산을 가속화했다.
세상을 바꿔놓은 이런 발전은 흑사병 이후 변화된 노동 조건의 유산이라 할 수 있다.
맥주에 관한 책도 출판되었다.
양조 기술과 과학이 비로소 공방이라는 테두리를 벗어나게 된 것이다.
전염병이 지나고 나자, 양조자들은 장비에 재투자하고, 노동력 부족을 메우기 위해 혁신을 단행했다.
흑사병의 기세가 차츰 잦아들자, 생존자들은 교회의 공중 보건 정책에 문제가 있다는 것을 알게 되었다. 부족한 게 너무나도 많았던 것이다.
성직자의 권위도 그만큼 떨어졌다.

현재 런던의 양조자 회관. 1403년 이래 초기 형태의 양조자 길드부터 양조자 조합과 맥주 회사들이 이곳에 계속 자리 잡고 있다.

따리의 길드에서는 양조장을 돌아다니며 시판 전 맥주를 맛보기도 했다.
맥주 양조는 이제 부엌에서 뛰쳐나와 수익을 목표로 하는 남자들의 비즈니스가 되었다.
많은 곳에서 여자들이 내쫓겼다.
닌카시라면 눈물을 흘렸을 것이다. 천년 동안 이어져온 술 빚는 아낙의 전통에 조종이 울렸으니….
우리가 부를 때까지는 오지마!
쾅!
외지의 맥주를 마실 돈이 있는 사람들에게 수입 맥주의 인기는 꾸준했다.
1500년대 안트베르펜에 살았던 양조자의 부인이었던 안나 얀센스는 특이한 예외다. 그녀는 잘나갈 때 4개의 양조장을 운영하기도 했다.
사실 인기 있는 양조자의 주머니 사정은 외지의 맛있는 맥주에 손님을 얼마나 빼앗기지 않느냐에 달려 있었다. 지방정부 또한 양조장에서 상당히 많은 세금을 거두었기 때문에, 자기 지역 맥주가 얼마나 인기 있느냐가 중요했다.
순수한 맥주에 관한 법(원래는 대체곡물금지법)이라고 불리는 맥주순수령이 1447년 뮌헨에서 시작되었다. 목적은 맥주를 많이, 그리고 꾸준하게 공급해서, 교회와 지방정부의 재정을 원활하게 하려는 것이었다.

매주순수령은 바이에른 전역에 적용되었다.
이 법은 맥주의 품질을 떨어뜨릴 수 있는 모든 첨가물을 금지했다.
표현은 명확했다. 맥주는 물, 보리, 홉 세 가지로만 만들어야 한다는 것.
MÜNCHNER REINHEITSGEBOT
30. November Anno Domini 1487
Albrecht IV. Herzog von Bayern
맥주의 네 번째 요소인 효모는 아직 발견되지 않았다.
이렇게 해서 맥주는 주로 보리로 만들게 되었다.
이전에는 여러 곡물을 섞어 맥주를 만드는 경우가 적지 않았다.
가격이나 수급 상황이 변하면, 워트를 만들 때 다른 곡물을 넣곤 했기 때문이었다.
맥주순수령에는 빵을 만들 밀과 호밀을 아끼려는 목적도 있었다. 이 법령은 맥주의 근대화에 큰 역할을 한다. 오늘날 독일 남부에서는 맥주에서 보리의 존재가 거의 절대적이다.
하지만 다른 지역에서는 양조장이들이 별의별 재료를 다 넣어보고 있었다.
맥주가 부패하는 걸 막고, 독특한 맛도 내보겠다고, 아마씨기름이나 메밀, 달걀, 굴 껍데기, 심지어 황소나 송아지의 발, 재 같은 것까지 집어넣었다.
그밖에도 별 희한한 것들이 들어갔을 것이고…
…처음에 영국인은 홉이 역겨운 맛을 낸다고 생각했다.
에일과 맥주를 구분하던 당시의 표현을 보면 이렇다.
"영국인은 홉을 뺀 에일을 마신다. 홉을 넣은 맥주는 플랑더르 사람이나 네덜란드인, 독일인 그리고 이민자들이나 마시는 것."*
* 15~16세기에 있었던 맥주와 에일의 구분은 이제는 무의미하다. 맥주와 에일을 구별하는 논의는 6장을 참조
하지만 시대에 따라 입맛이 달라지는 것은 어쩔 수 없는 법. 유럽 대륙과 떨어져 있던 영국도 결국 대도시에서는 맥주가 에일을 거의 대체했다.
하지만 이런 취향의 변화가 있기 전까지…

진정한 영국 예찬자라고 할 수 있는 윌리엄 셰익스피어는 자신의 극중 인물을 통해 **맥주**보다 **에일**을 찬양했다.
한 잔의 에일은 왕을 위한 한 끼의 식사다!
〈겨울이야기〉
내가 런던의 에일 하우스에 있다면,
한 잔의 에일에 기꺼이 나의 모든 명예를 걸겠네.
〈헨리 5세〉
셰익스피어를 비롯한 지식인들이 한잔 하러 가곤 했던 곳에서는 권력자의 의심스러운 눈과 귀를 어느 정도 피할 수 있었다.
THE ANCHOR
이런 퍼블릭 하우스 중 몇 곳은 자유롭게 의견을 발표하는 성지가 되었다.
손에 에일 한 잔을 든 재담꾼이 모든 이슈를 화제에 올렸다. 이교도나 반역자라도 체포될 걱정은 하지 않아도 됐다.
1650년경, 기성체제에 저항하는 선동가이자 퀘이커파의 교리를 기초한 조지 폭스
만약 술꾼들이 밖에서 마르틴 루터를 지지했다면 심각한 위험에 빠졌을 것이다.
루터가 누구인가? 로마 가톨릭 교회의 부패에 '저항해' **개신교**를 일으킨 인물 아닌가.
딱 딱 딱!
천년 동안 유럽을 손아귀에 넣고 있던 로마 가톨릭 교회. 이들의 부패한 권력 구조를 뒤흔들 루터 같은 이를 많은 사람이 원하고 있었다.
마르틴 루터는 맥주를 아주 즐겨 마셨다.
1521년 교회의 고위 인사들은 루터에게 그의 소란스러운 행동에 대한 소명을 요구했다. 하지만 그는 자신의 견해를 철회하지 않았다.
대신 루터는 한 잔의 복 비어를 칭송했다.
이것은 인간에게 알려진 최고의 음료다.

맥주 스타일: 복

Bock

복은 1368년 한자동맹에 가입한 아인벡이라는 도시에서 태어났다.

지금은 독일 북서부 니더작센주의 한 도시인 아인벡의 맥주는 당시 가장 좋은, 그리고 가장 도수가 높은 맥주 중 하나로 북부 유럽에서 유명했다. 아인벡의 시민들은 모두 각자 자신들의 맥주를 만들 수 있는 권리가 있었다. 하지만 아인벡의 시 위원회는 맥주의 생산, 품질, 판매, 수출을 엄격하게 관리했다.

심지어 시에서 공동으로 쓸 커다란 솥을 만들어 집집마다 돌려가며 사용하도록 했다.

모든 집이 그 솥으로 당화와 발효를 해야 했다. 그래서 오늘날 남아 있는 당시 집의 문을 보면 솥을 넣고 뺄 수 있도록 상당히 높게 되어 있다. 또한 지붕에는 공기를 순환시켜 몰트를 건조할 수 있는 환기구가 설치되어 있다.
양조 시즌이 끝나는 매년 5월 초면 이듬해 양조할 순서를 정하는 제비뽑기를 했다. 이때 마이복이라는 특별한 스타일의 맥주를 마시는 일종의 축제를 함께 열었다. 봄을 지나 여름으로 향하는 계절 변화를 앞서 챙기려는 뜻도 물론 있었다. 아인벡의 몰트 맛 가득한 맥주는 뮌헨에서 특히 인기가 있어서, 1612년에는 아인벡의 양조 장인, 엘리아스 피힐러를 데려와 뮌헨에 똑같은 맥주집을 열게 했다.

뮌헨의 남부 독일 사투리 때문에 '아인벡'은 '복'으로 바뀌어 지금까지 이어오고 있다.

독일어 복에는 '염소'라는 뜻이 있다. 그래서인지 복 맥주의 상표에는 염소 이미지가 많이 나온다.
복 맥주는 뮌헨에서 라거 효모를 사용하면서 발전을 거듭했다(6장 참조). 파울라너 교단의 수도사들은 사순절에 마시려고 특별히 알코올 도수가 높은 맥주를 만들었다. 이 맥주를 **도펠복**이라 하는데, 구원자라는 의미의 '**살바토르**'라는 이름을 붙였다.
다른 수도원이나 양조장에서 이 스타일을 따라 하면서, 액체 빵이던 이 맥주 이름 끝에 '~토르'를 붙이는 관습이 만들어졌다.

다시 아인벡으로 돌아가면, 시에서는 개인이 개별적으로 갖고 있던 양조할 권리를 통합해, 17P4년에 시에서 운영하는 양조장을 만들었다. 이 시설이 복을 오늘날까지 있게 했다. 그리고 그곳 정문에는 자랑스럽게 다음과 같이 쓰여 있다.

"아인벡이 없다면, 복 맥주도 없다."

End of Chapter Four

Chapter Five 5장. 제국과 산업: 맥주가 커지다

EMPIRE AND INDUSTRY: BEER GOES BIG

항해 중에는 마실 물을 구하려면 수천 킬로미터를 가야 하는 경우도 있었다.
살균 작용이 있는 알코올과 끓인 물로 만들었다는 점, 그리고 무엇보다 중요한 홉 덕분에 항해를 하는 선원들에게 맥주는 생존 필수품이었다.
1588년 유럽에서는 종교 분쟁이 극에 달했다.
이때 상한 맥주가 역사의 경로를 거의 바꿀 뻔하기도 했다.
파르마와 스페인, 아니 유럽의 그 어느 군주라도 감히 내 영토를 침범한다면 내게는 엄청난 모욕이다.
1588년 엘리자베스 1세
'오염된' 맥주로 영국의 선원들에게 치명적인 전염병이 퍼졌다는 말이 돌았다.
당시 영국은 프로테스탄트인 엘리자베스 1세를 쫓아내려는 가톨릭 스페인의 무적함대를 격퇴하려고 애쓰던 때였다.
맥주가 없었던 영국 선원들은 무적함대를 간신히 무찔렀다.
그 과정에서 수많은 영국 선원들이 굶주림과 질병으로 죽었다는 사실은 아직까지도 영국 해군에 불명예로 남아 있다.
빠앙!
콰아앙!

1621년 매사추세츠. 초기 정착자들이 사모셋이라는 한 인디언을 만났다.
어이, 영국인!
어어!
백인 어부에게서 영어 몇 마디를 얻어들어 배운 사모셋.
아메리카대륙 토박이인 그가 청교도에게 물은 것은 맥주 가진 것 좀 없느냐는 것이었다.
사모셋이 이전에 몇 모금 마셔 봤던 맥주에 이렇게 열성을 보이는 것은 상당히 놀라운 일이다. 유럽인이 오기 전까지, 지금의 애리조나와 뉴멕시코 이북 지역에서, 그들이 맥주는 물론이고 알코올이 들어간 음료를 만들었다는 증거가 없기 때문이다.
INDIA superior
Cathay
Quinsay
FRANCISCA
C.Britonum
Exteriores
Hispania
Terra florida
Oceanus occidentalis
Medera
Archipelagus 7448 insularũ
Zipangri
Chamaho
Panuco
CVBA
Temistitan
Fortunatæ insu
Inf.Hesperidum
AFRICAE pars
Isabella
Jamaica
Dominica
S.Iacobi
PARIAS abundat auro & margaritis
Sinus Atlanticus
Nouus orbis
Canibali
Insula Atlantica quam uocant Brasilij & Americam.
Cattigara
하지만 미국의 남서쪽과 남부 몇 곳에서는 다양한 발효 음료가 존재했다. 그중에는 맥주라고 부를 만한 것도 있었다.
남아메리카 안데스산맥의 고유 문화권에서는 사람이 입안에서 옥수수 경단을 씹어서 빚은 치차 술을 지금까지 만들고 있다.

아마도 유럽인이 미국 땅에서 처음으로 만든 맥주도 역시 옥수수가 주재료였을 것이다.
1580년대에 영국의 한 식민 개척자가 로어노크섬(현재 노스캐롤라이나주)에서 옥수수로 맥주를 만들었다고 한다.
뉴잉글랜드에서는 청교도적인 일군의 십일조 징수관이 나타났다.
밤에 돌아다니는 사람, 술꾼, 안식일을 지키지 않는 사람 등 모든 어리석은 이들의 행동을 빠짐없이 조사할 것이오.
이들 도덕 경찰들은 실제로 술을 마시지 못하게 할 권한도 갖고 있었다.
그대들, 그만 들게나!
이 맥주 한 잔도 과하네!
맥주를 마시는 네덜란드인들은 지금의 미국 북동부 지방으로도 진출했다.
1642년 헨드릭 얀스가 맨해튼에 세운 것이 아마도 미국의 제대로 된 첫 번째 양조장일 것이다.
뉴욕 시의 가장 오래된 건물 중 하나가 프라운세스 태번인데, 수많은 맥주통이 바닥을 드러내던 곳이었다.
FRAUNCE'S TAVERN
RESTAURANT
on First Floor
Moderate Prices
Furnished Rooms by the Week
GEO. EHRET'S
EXTRA LAGER BEER

그보다 약간 남서쪽, 펜실베이니아를 세운 윌리엄 펜은 자랑스럽게 이런 글을 남겼다.
"우리는 맥주를 마셨습니다. 당밀을 주재료로 충분히 끓여 만들었고, 사사프라스나 소나무를 넣어 향이 배게 했습니다. 정말 꽤 괜찮은 마실 거리였습니다.
이곳에는 사람들에게 훌륭한 마실거리를 제공하는 대규모 양조장을 세운 솜씨 좋은 사람들이 있습니다."
새롭게 열린 이 나라에서는 새로운 일을 마음껏 할 수 있었다.
벤저민 프랭클린은 자연과 과학이라는 비밀의 호리병을 열었다. 그리고 물리학과 '철학적' 탐구의 기반까지 닦았다.
흰색이나 밝은 은빛 맥주잔보다 검은색 맥주잔에 들어 있던 맥주가 훨씬 더 빨리 따뜻해진다.
하지만 미국이 영국의 식민지였을 때, 사람들에게 중요한 이슈는 과학이 아니었다.
영국에서 그랬던 것처럼 미국에서도 한데 모여 맥주를 마시던 자리에서는 언제나 자유롭게 각자의 의견이 펼쳐지곤 했다.
토리당 이 버러지들, 매달아버려!
"우리에게는 자유 아니면 죽음뿐이다.
기꺼이 돈을 내라. 고대에 그랬던 것처럼,
신에게 술을 바치던 축제처럼.
새들은 공중제비를 그리며 흥을 돋우고,
그 주위로 둥글게 모여 애국심 가득한 각자의 입술에
힘차게 쭉 들이켜는 한 잔! 우리는 힘을 물려받았다.
민중의 정신, 바로 그 뿌리를 맛보는 자들이여.
누구든 서로의 마음을 알 것이다.
한층 높아진 고귀한 정치가 있을 것이니."
- 존 트럼블

몰스터이면서 양조자였던
새뮤얼 애덤스는 영국이 부당한
세금과 관세를 부과해,
이것은 하늘이
내려준 고정불변의
기본 권리!
미국의 권리를
침해한다고
생각했다.
보스턴에 주둔하고 있는 영국
군인들에게 하루에 '맥주나 사과술'
5파인트(약 3리터)를 무료로 제공하라는
것 역시 그들을 분노하게 했다.
뻔뻔한 것들!
영국의 맛있는 수입 맥주를
즐겼던 버지니아의
조지 워싱턴 장군도
자신의 젊은 시절 전부를
바쳐 싸웠던 영국 왕에게
반기를 들었다.
토머스 제퍼슨은
필라델피아 시티
태번의 맥주 마시는
사람들 사이에서
독립선언서를 썼다.
미국에서 혁명이 시작된 것이다.

미국의 승리는 하나의 사실을 전 세계에 분명하게 알렸다. 왕정의 절대권력이 민중의 힘에 무릎을 꿇었다는 것을….
E PLURIBUS UNUM
THE HOUR OF HUMILIATION
그리고 그 추세는 프랑스와 프로이센, 스웨덴까지 이어졌다.
러시아의 차르 표트르 1세도 주권을 마음대로 휘두르던 절대 권력자였다. 그는 가난에 허덕이던 러시아를 강력한 국가로 환골탈태하려는 야심이 가득했다.
영국에서 있으면서 표트르는 맥주 맛을 알게 되었다.
특히 버튼온트렌트 지방의 맥주를 좋아했다.
버튼에는 비장의 무기가 있었다. 바로 칼슘이 풍부한 그 지역만의 독특한 물이었다. 이 물이 어두운 색깔에 달달하기만 하던 맥주를 중화해 풍부하고 기분 좋은 맛이 나게 했다.
발트해를 건너 상트페테르부르크로 맥주를 실어나르기 시작했다. 버튼의 양조자들은 급속하게 성장하는 시장 하나를 얻은 것이다.

표트르 대제의 손녀인
예카테리나 2세도 영국
맥주에 거의 중독 수준이었다.
영국의 서더크에서는 그 분위기를 타
그녀의 입맛에 맞춘 **러시안 임페리얼**
스타우트를 만들기도 했다.
하지만 **증류** 기술이
발전하면서,
매주는 포도주뿐 아니라,
증류주인 위스키와도
경쟁을 해야 했다.
취한다는 것에 대한
새로운 기준이 만들어진 것이다.
싸지만 알코올 도수는
훨씬 높고, 아마도
맥주보다 쉽게
중독되었을 진과
위스키가 유럽과
미국에서 선풍적인
인기를 끌었다.
Js Gillray
The UNION-CLUB.
London. Publish'd Jan. 21st 1801. by H Humphrey St James's Street.
또한, 맥주는 새롭게 등장한
차와 커피 같은 음료와도 쉽지
않은 경쟁을 벌여야 했다.

다행히도, 이런 정체기에
맥주를 구해줄 새로운 스타일이
대기하고 있었다.
산업혁명의 물결은
한층 강력해졌다.
노동자들을 가득
채운 공장들은
런던과 맨체스터,
셰필드를 넘어 영토를
계속 넓혀갔다.
양조장에도 기계가 차지하는
비중이 점점 커졌다.
1784년에는 헨리 굿윈과 새뮤얼
휘트브레드 양조장에 처음으로
스팀 엔진이 도입되었다.
도시는 사람들로 넘쳐났고,
그들의 갈증을 채워줄 음료가 필요했다.
사람들은
어떤 맥주를
찾았을까?
바로 영국의 전형적인
브라운 맥주, 포터였다.
당시 런던의 노동계급
중에서 가장
많았던 게 포터, 즉
짐꾼이었다. 포터라는
이름은 여기서 따온
것이었다.

맥주 스타일: 포터

PORTER

포터의 기원에 대해 알려진 이야기들은 너무 그럴듯해서 오히려 사실인지 의심스럽다.

(2페니짜리 싸구려 술과 맥주, 에일을 섞은 것으로 짐작되는) '스리스레드(three thread)'가 런던에서 한때 인기 있었다. 그리고 하나의 레시피로 스리스레드의 모든 맛을 잡아낸 솜씨 좋은 양조자에 관한 멋지고 흥미로운 이야기가 존재한다. 하지만 이렇게 만들어진 첫 번째 포터가 실제 있었다는 것을 입증할 만한 증거는 별로 없다.

스리스레드는 당시 새로운 맛을 찾던 술꾼들을 위해 손님과 세금 관리를 속이려는 맥주 조달업자들이 제조한 수많은 혼합 맥주 중 하나일 뿐이었다. 당시 술집에서는 '순한'(신선한) 맥주와 '퀴퀴한'(오래된) 브라운 맥주를 섞는 관행이 있었다. 이런 블렌딩 맥주를 흉내 내려는 양조자들이 분명 있었을 것이다. 이때 도입된 새로운 방법이 야외에 불을 피워놓고 솥에서 볶은 '브라운 몰트'로 맥주를 만드는 것이었다. 이런 맥주에는 짙은 색과 탄내가 스며들었고, 홉도 더 많이 들어갔다.

이렇게 새로워진 런던 브라운 맥주가 '인타이어 버트(entire butt)'라는 이름으로 널리 알려지기 시작했다.

'인타이어'라는 말은, 한 번의 당화에서 얻은 모든 워트를 하나로 합친 데서 유래한다.(보통 당화를 하면, 농도가 다른 여러 개의 워트를 얻을 수 있다. 그러면 품질이 다른 다양한 맥주를 만드는 게 가능하다.)

'버트'는 양조장에서 나무통에 넣어 숙성을 했기 때문에 붙은 말로, 이렇게 충분히 부드럽게 안정화시킨 뒤 맥주를 시장에 내놓았다.(버트는 20세기 이전에 술 담는 나무통을 부르던 일반적인 말이었다.)

포터 레시피는 시간이 가면서 변했다. 몰팅 기술은 점점 다양하고 정교해졌다. 몰트에 붙는 세금이 계속 오르면서 뭔가 조치를 취해야 했던 사람들은 보다 옅은 페일 몰트를 주로 사용하기 시작했다. 그러면서 '특허가 걸린' 바싹 구운 몰트는 약간만 넣어 맥주의 색깔만 짙게 만들었다. 오늘날에도 효율이 좋고 (또, 이익도 많이 나는) 이 방법을 대부분의 포터 양조장에서 쓰고 있다.

이 스타일도 진화를 거듭하면서, 다양한 특징을 지닌 포터가 시장에 나왔다. 알코올 도수가 높으면 '스타우트 포터' 혹은 '브라운 포터'라고 불렀다. 그러다 결국에는 '스타우트'가 자리를 잡았다. 스타우트와 포터의 차이에 대해서는 말이 많지만, 보통 스타우트가 포터보다 알코올 도수가 높고 드라이하다.

페일 에일이 떠오르고 필스너가 부상하면서, 포터의 인기는 시들었다. 하지만 스타우트는 전 세계 맥주에서 꽤 인기 있는 맥주 스타일 중 하나로 떠올랐다. 특히 최근 크래프트 양조장의 생산 목록에서는 거의 빠지지 않는다.

스타우트와 거의 동의어가 되다시피 한 아일랜드의 기네스 맥주회사는 1970년대 초반 생산을 중단할 때까지 포터(자기네 표현으로는 '플레인')를 만들었다. 어쩌면 이것이 포터의 마지막을 알리는 종이 될 뻔했다. 미국 샌프란시스코의 양조장에서 새롭게 이 스타일을 살려내지 않았다면 말이다. (8장 참조)

양조업자들은 생산 방법을 개선하지도 못한 채, 불어나는 수요에 맞춰 생산 규모를 늘려야 했다.
하지만 산업화에는 산업재해 역시 따랐다.
19세기 초, 런던에서는 누가 생산 규모가 큰지를 놓고 맥주 부호들이 서로 치열하게 다툼을 벌였다.
1814년 10월 17일, 양조업자의 야심이 기술의 한계를 넘어서는 안타까운 상황이 발생한다.
핑!
아, 이런!
THE LONDON BEER FLOOD
런던의 맥주 홍수
빈민 주택가 한가운데에 헨리 뮤스 앤 컴퍼니의 호스슈 양조장이 있었는데,
저녁 6시경 3500배럴의 포터가 담긴 거대한 통이 터져버렸다.
550톤이 넘는 맥주가 마치 해일처럼 주택가를 휩쓸었고, 근처에 사는 여자와 아이 8명이 죽었다.
!

포터 덕분에 아일랜드에서도 맥주 양조가 산업적 규모로 커지기 시작했다.
당시 아일랜드에서는 값싼 맥주를 꾸준히 만들었는데, 영국의 내무성 관리가 '간신히 마실 정도' 라고 말할 수준이었다.
하지만 아서 기네스는 자신의 맥주가 성공할 거라고 확신했던 것 같다. 그래서인지 그는 1759년 더블린의 한 양조장과 9000년 **임대 계약**을 맺는다.
맥주 품질에 대한 평가가 높이 치솟으면서, 기네스의 엑스트라 스타우트 포터의 인기는 전 세계로 퍼져 나갔다.
수십 년간 유럽 강대국들은 인도를 차지하기 위해 서로 다퉜다. 인도가 세계에서 자원이 매우 풍부한 곳 중 하나였기 때문이다.
군사조직까지 갖추고 있을 정도로 거대했던, 영국의 동인도회사는 인도를 통치하길 원했다.
영국은 오늘날의 인도와 방글라데시, 파키스탄에 이르는 광범위한 지배권을 갖기 위해 무자비한 싸움을 벌였다.
그리고 본국에서 멀리 떨어진 영국인 정복자들도 맥주를 마시고 싶어 했다. 그래서 버튼의 양조자들에게 인도는 매운 카레 요리만큼이나 인기 있는 맥주 시장이 되었다.
인도에 정착한 영국인들에게 곧 **인디아 페일 에일**이라고 알려진 맥주가 홍수처럼 밀려들었다.

맥주 스타일:
인디아 페일 에일

INDIA PALE ALE

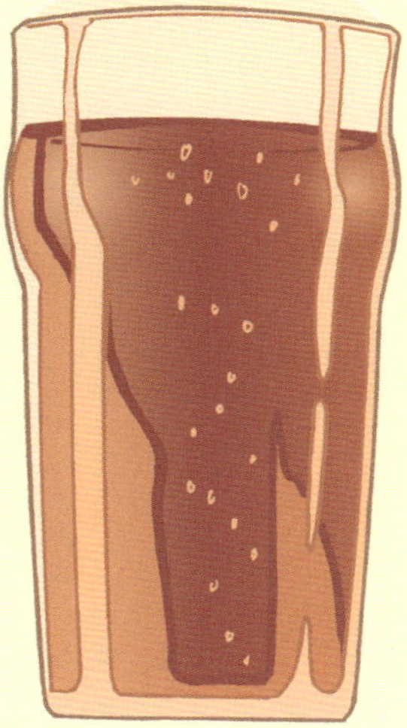

인디아 페일 에일(IPA)은 영국 시골의 한 부잣집에서 양조되어 숙성 혹은 저장된 에일이 발전한 것으로 보이는데, 이들 맥주는 18세기 영국 상류층에게 꽤 인기가 있었다.

가볍게 볶은 페일 몰트로 알코올 도수를 상당히 높인데다 홉을 듬뿍 사용하여, 이들 맥주는 수출에 적합했다. 나무통에 담겨 인도까지 가는 긴 항해 기간은 숙성하기에 충분했다. 인도에서는 부유한 상인이나 공무원들이 차갑게 식힌 이 맥주를 너나할 것 없이 즐겼다.

인도에 거주하던 영국인들에게 인디아 페일 에일은 '더운 날씨에 안성맞춤'이었다.

런던의 양조업자인 조지 호지슨이 1790년대에 인디아 페일 에일을 만들면서 이 맥주는 처음으로 인기를 얻었다. 하지만 1830년대까지는 인디아 페일 에일이라는 명칭이 자리 잡지는 않았다.
조지 호지슨은 홉을 많이 넣은 맛좋은 페일 에일을 만들면서, 동인도회사와 거래 관계를 열었다. 이를 통해 호지슨은 큰 돈을 벌어들였고, 덕분에 페일 에일도 아주 유명해졌다.
1820년대에 들어서면서 호지슨의 후계자들은 동인도 회사와 충돌하기 시작했다. 달콤했던 계약 관계도 서서히 금이 갔고, 이를 계기로 인도 시장은 경쟁시장으로 바뀌었다. 알소프와 바스 같은 버튼 온트렌트 지역의 다른 매주 회사들이 재빠르게 틈새시장을 차지했다.
칼슘이 풍부한 물 덕분에 맑고 상쾌한 인디아 페일 에일이 가능했던 이 지역의 맥주 회사들은 점차 세계적인 회사로 성장했다.

인도에서 이 맥주를 즐겨 마시던 사람들이 영국으로 돌아오면서, 영국에서도 버튼 지역의 인디아 페일 에일이 유행하며 많이 팔렸다.

1851년의 대박람회는 영국의 국가적 자존심을 한껏 드높였다. 이때 버튼의 인디아 페일 에일이 크게 취급되면서 버튼의 맥주 회사들은 박람회를 계기로 영국 내에 새롭게 형성된 인디아 페일 에일의 인기를 마음껏 누렸다.

하지만 1800년대 후반이 되자, 수출 시장이 사그라들었다. 차와 진, 라거 맥주가 인도는 물론 유럽에서도 인디아 페일 에일을 서서히 잠식했다. 영국 내에서는 알코올 함량에 따라 세금을 매기게 되면서, 맥주의 도수가 낮아졌다. 이때부터 '꿀떡꿀떡 마시는 맥주'로 바뀌기 시작했고, 이것이 오늘날의 영국식 페일 에일과 비터가 되었다.

오늘날 미국의 크래프트 양조장은 인디아 페일 에일에 대한 무한한 애정으로 이 스타일을 부활시켰다.

미국에서 재배되는 향이 강하고 쓴맛이 센 홉을 이용하여 홉 향이 두드러진 스타일을 추가한 것이다. 백여 년간 묻혀 있던 인디아 페일 에일이 이제는 가장 인기 있는 크래프트 맥주가 되었다.
모험을 좋아하는 미국식 마인드는 계속 이어지고 있다. 홉의 레벨을 점점 올리면서, 더블 혹은 임페리얼 이라는 새로운 변형까지 낳았다. 지금은 전 세계의 맥주 회사들이 '미국 스타일'의 인디아 페일 에일을 만든다.

19세기 초까지 맥주는 그야말로 험난한 길을 걸어왔고, 엄청난 발전을 했다.
하지만 양조자들은 여전히 자신들이 무엇을 하고 있는지 정확히 알지 못했다.
철도가 놓이고, 전보가 오고가고, 사진이 찍히는 기적과 같은 근대화가 일어나고 있는 중에도…
좋은 맥주가 (발효를 통해) 어떻게 만들어지는지 혹은 (오염되어) 어떻게 망가지는지에 대해서는 여전히 미신적인 생각이 자리 잡고 있었다.
1835년 윌리엄 블랙의 《맥주 양조의 실제》에서는 맥주를 망치는 원인으로 "대기 중의 전기와 지전류"를 꼽고 있다.
그리고 "워트는 햇빛은 물론 달빛에도 노출되지 않도록 해야 한다"고 적고 있다.
A PRACTICAL TREATISE ON BREWING, AND ON STORING OF BEER;
FORTY YEARS' EXPERIENCE.
BY WILLIAM BLACK.
양조자들은 오랜 세월 내려온 '별탈 없으면, 고치지 마라'는 양조법을 고수했다.
안 돼…
안 돼!
실험용 도구 하나라도 보이면 손님들이 맥주에 화학약품 처리를 했다고 믿을까 봐 걱정했다.

전통적인 양조자들은 뭐라도 하나 바꾸면 가게 문을 닫게 될 것처럼 매우 조심했다.
그리고 자신들 맥주 고유의 맛과 향이 조금이라도 변하면 손님들이 나쁘게 받아들일 거라 생각했다.
그렇지만 소수의 영리한 양조자들은 과학에 기꺼이 귀를 열어두고 있었다.
그중 유럽대륙 출신인 두 명의 양조자들은 기억할 만하다.
뮌헨에서 온 가브리엘 제들마이어와 빈에서 온 안톤 드레허. 그들은 아주 간절하게 버튼온트렌트의 맥주가 왜 그렇게 인기가 있는지 알고 싶어 했다. 그래서 과감히 화학적 방법(이런!)을 통해 그 이유를 알아내려고 했다.
1833년 버튼의 양조장을 찾아다니면서 드레허와 제들마이어는 산업 스파이나 할 법한 대담한 짓을 저지른다.
속을 비운 지팡이를 양조장에 갖고 들어간 것이다.
그러고는 분석용으로 맥주와 워트를 몰래 담아 갖고 나왔다.
두 사람은 잡히지 않았고,
승자에게는 전리품이 돌아갔다.
분석할 만큼 충분히 훔쳤군!
End of Chapter Five

Chapter Six 6장. 과학과 정치가 바꿔놓은 맥주: 하지만 더 좋아졌을까?

SCIENCE AND POLITICS TRANSFORM BEER-- BUT FOR THE BETTER?

하지만 영국에서는 알곡에 간접적으로 열을 가하는 신기술로 옅은 색의 몰트를 만들고 있었다.
직접 가열할 때보다 훨씬 낮은 온도에서, 열량도 미세하게 조절할 수 있었다.
이 방식 덕분에 버튼온트렌트에서는 당시 유행하던, 보다 맑은 '페일 에일'을 생산할 수 있었다.
제들마이어와 드레허는 옅은색 몰트와 당시 영국의 양조자들에게는 전혀 알려지지 않은 발효 공법을 결합해,
완전히 새로운 경지를 개척했다.
라거 맥주 공법을 탄생시킨 것이다.
라거 맥주는, 양조 전문가나 맥주 애호가 모두에게 영국식 에일과는 완전히 다른 신세계였다.
LAGER
A FRIENDLY DRINK
BIER

잠시 과거로 돌아가보자. 기독교 형제들이 양조를 많이 하던 당시 대부분의 수도원은 사람을 피해 산꼭대기에 있었다.
사실 뮌헨이라는 말이 수도사를 뜻하는 것처럼, 뮌헨의 남쪽 알프스 산악 지방에 수도사들이 많이 모여 있었다.
그곳에는 동굴이 많아서, 수도사들은 얼음과 함께 맥주를 넣어둘 수 있을 거라 생각했다.
컴컴하고 텅 빈 동굴이 훌륭한 냉장고로 탈바꿈했다.
덕분에 더운 여름날에도 상하지 않고 맥주를 보관할 수 있었다.
하지만 수도사들이 모르는 것이 하나 있었는데,
차갑게 보관 중인 맥주 속에서 효모에 무슨 일이 생겼다는 것이다.

하늘에 계신 아버지를
굳게 믿는 그들이
미처 깨닫지 못하는 사이에,
효모라는 미생물에
진화라는 **신의 손길**이
닿은 것이다.
이른바 '적자생존'에
따라 급격하게 낮아진
온도를 버티지 못한
효모는 다 죽고 말았다.
맥주를
만드는 데 목숨이
단 하나뿐이라는 게
아쉽구나!
하지만 살아남은 효모가 있었다.
이 효모는 위쪽에 거품을 형성하는
대신, 맥주의 **바닥**에 가라앉았다.
가을이 되자, '냉장 처리된'
맥주는 다 마시고,
낮은 온도를 견뎌낸 효모를
떠내어 새로 맥주를 담갔다.
이런 식으로 가장 건강한
효모들만 번식하게 되었다.
이렇게 수백 년이 지나자, 이들 효모는
돌연변이를 거쳐 새로운 종이 되었다.
THE STRANGEST SUPER-HEROES OF ALL!
X-YEAST
그 이름은,
사카로미세스 파스토리아누스!
이렇게 만들어진 사카로미세스
파스토리아누스는 에일 양조에
사용되던 사카로미세스
세리비시아이보다 반응속도가
느렸다. 그래서 사카로미세스
파스토리아누스를 이용한 라거
양조는 시간은 더 걸렸지만
발효가 '보다 깔끔했다.'
에스테르나 케톤 같은
부산물도 적어, 한층 부드럽고
상쾌한 맥주가 만들어졌다.

'라거링'은 하면발효를 한다는 뜻인데,
그 외에 또 다른 의미도 있었다.
차가운 창고나 냉장고에서 맥주가 숙성될 때까지 보관한다는 뜻도 있다.
3295
4737
사실 라거라는 말은 '보관하다'라는 뜻의 독일어 라게른(lagern)에서 왔다.
드레허가 라거 효모와 페일 몰트를 사용해서 만든 맥주는 깔끔하고 맛이 좋았다. 이 빈(비엔나) 라거는 전문가들의 호평을 받았다.
제들마이어도 오래전부터 내려오던 메르첸을 다시 살려내 뮌헨에서 큰 성공을 거두었다.
이 맥주는 3월에 담가 보관해 놓았다가 가을 축제 때 마셨다.
현재 제들마이어의 슈파텐 양조장은 바이에른의 옥토버페스트에서 마시는 맥주를 대는 뮌헨의 몇 안 되는 공인 양조장 중 하나다.

뮌헨의 옥토버페스트는 바이에른의 황태자 루트비히와 작센의 테레제 공주의 결혼을 축하하기 위해 1810년에 처음으로 열렸는데, 현재는 세계에서 가장 큰 맥주 축제다.
슈파텐 양조장은 엔지니어 칼 폰 린데의 연구를 지원했다.
린데는 기계식 냉장 기술이라는 혁신을 이루어냈고, 더 이상 맥주를 저장하기 위해 얼음 동굴이나 지하실을 찾을 필요가 없어졌다.
무엇보다 여름에도 양조장 문을 계속 열 수 있었다.
째앵!
하지만 이 새로운 앰버 라거를 밀어낼 혁신적인 맥주가 막 나올 준비를 하고 있었으니….

필스너는 맥주 업계의 괴물이다. 오늘날 전 세계에서 소비되는 맥주의 95퍼센트가 바로 이 스타일일 정도로 엄청난 히트작이다.
하지만 예전에도 이랬던 것은 아니다.
1838년 보헤미아의 플젠(현재의 체코공화국). 이곳 사람들은 도대체 맥주를 즐길 수가 없었다.
그들에게는 맥주가 유일한 낙일 수도 있는데, 그곳 양조장에서 빚은 맥주는 맛이 없어도 너무 없었기 때문이었다.
더구나 외지에서 들어온 바이에른 스타일의 맥주가 시장에 넘쳐나면서, 그들의 자존심에는 시퍼런 멍이 들었다.
맛이 없다는 불만을 표시하려고 수십 통의 맥주통을 거꾸로 뒤집어 하수구에 흘려 보내기도 했다.
그러는 동안 맥주 만드는 사람들은 무엇을 했을까?
플젠의 양조자들은 처음부터 다시 시작하자며 칼을 갈고 있었다. 그들은 완전히 새로운 몰트하우스와 양조장을 만들고자 했다.

그래서 찾아간 사람이 요제프 그롤이었다.
탁월한 양조 능력만큼이나 더러운 성질로 악명이 높은 사람이었다.
1842년 발효 능력이 뛰어난 바이에른의 라거 효모가 플젠에 들어왔다.
BOHEMIA YEAST GRAND PRIX 1842
1842년 보헤미아 효모 그랑프리 대회
그롤은 이 효모와 바이에른의 순한 홉, 모라비아의 달콤한 보리,
그리고 미네랄 함량이 매우 낮은 플젠의 연수로 맥주를 만들었다.
그 결과는 모두의 예상을 뛰어넘었다.
그것은 바이에른 맥주와는 전혀 달랐다.
이제껏 존재하지 않던 새로운 맥주가 탄생한 것이다.

맥주 스타일: 필스너

Pilsner

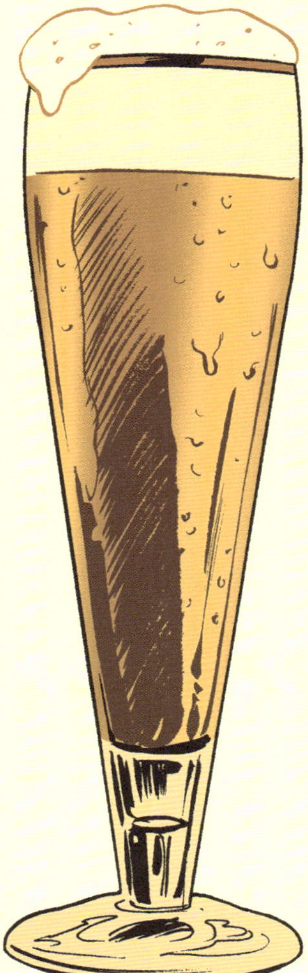

1842년 1월 11일, 보헤미아 보리와 자츠 홉, 플젠의 연수에 바이에른의 라거 효모를 섞어 만든 요제프 그롤의 맥주는 대중에게 일대 센세이션을 일으켰다.

라거의 일종인 필스너는 전 세계를 휩쓸었다.
밝고 경쾌한 황금빛에 마시기 좋은 이 맥주는 아이피에이(IPA), 포터, 독일의 다크 라거 같은 다른 맥주를 모두 대체했고, 미국과 동아시아 끝까지 퍼져나갔다.

필스너는 우리가 현재 생각하는 맥주의 원형이다.

필스너는 부드러운 풍미에 가볍지만 꽉 찬 몰트의 특성을 느낄 수 있다. 누구나 좋아할 만한 이런 특징은, 상대적으로 낮은 온도에서 영국식으로 구운 몰트와 대륙식의 디콕션 당화가 어우러져 탄생한 것이다.
이 두 요소가 어우러지면서 단맛을 추가하지 않고도 보리의 풍부한 맛을 충분히 끌어낼 수 있었다.

필스너에 사용되는 홉은 전통적인 '노블' 홉이다.

이들 홉은 예전부터 사용되었는데, 상쾌한 느낌의 정제되고 미묘한 아로마로 잘 알려져 있다. 독일의 할러타우, 테트낭, 슈팔트 지역과 보헤미아(현재의 체코 공화국)의 자츠(체코어로 자테츠)에서 재배되는 홉을 말한다.

필스너(혹은 필스)는 독일에 곧바로 들어왔고, 이민간 양조자들을 통해 신세계와 그 이상의 더 먼 곳까지 퍼져나갔다.

독일에서 받아들인 필스너는 체코 것보다 색이 약간 더 밝고, 더 깔끔하며, 홉 향이 보다 강하다.
그와 반대로 하이네켄과 그롤쉬 같은 네덜란드 버전은 단맛이 약간 더 강한 편이다.

'필스너' 맥주는 극찬을 받았다.
짝
짝
짝
짝
짝
필스너 맥주가 공개되면서, 맥주 양조업계에는 지각 변동이 일어났다. 홉을 사용한 이래, 가장 엄청난 일이었다.

오늘날 수도 없이 많은 맥주가 요제프 그롤이 만든 맥주의 직계 자손이다.
PILSNER FAMILY REUNION
필스너 종친회
버드와이저
네!
미켈롭
여기요!
라바트 블루
왔습니다!
하이네켄
예!
삿포로
왔어요!
코로나
네!

필스너의 맑고 투명한 연한 황금색은 사람들의 눈을 사로잡았다.
양조가 그랬던 것처럼, 유리 제조도 당시 과학 발전의 혜택을 톡톡히 받았다.
유리 제품을 만드는 것이 훨씬 쉬워졌다. 그러면서 포도주처럼 필스너도 투명한 유리잔에 따라 마시게 되었다.

당시 서구 사회에는 세습 통치 지도자들의 가혹한 손아귀에서 벗어나 자유를 찾으려는 열망이 넘쳐났다.
독일은 오랜 기간 매우 심각한 퇴행을 뼈저리게 겪었습니다. 세 단어로 요약할 수 있습니다. 착취, 굴종, 우민화입니다!
사람들은 집회를 열고, 선거를 치렀다. 탄원서에 서명하고 진보적인 신문도 발행하고 헌법도 제정했다.
하지만 민중을 지배하고 있던 장군과 귀족들은 그들의 날개를 부러뜨렸다.
그래 좋아. 신의 은총을 더 이상 받고 싶지 않다면,
대포의 은총을 받아야만 할 거야.
총탄이 빗발치기 시작했다.
기성 체제에 반항하던 사람들에게 1848년의 혁명은 실패였다.
노동계급과 중산층에 속하는 수많은 독일인이 자신의 터전을 떠나 미국으로 향했다.

거대한 미국 맥주 회사의 창업자들이
바로 이들 독일 이민자로부터 나왔다.
프레더릭 밀러
프레더릭 팝스트
베른하르트 슈트로
요제프 슐리츠
발렌틴 블라츠
프레더릭 셰퍼
그리고 아돌푸스 부시
아돌푸스 부시는 세인트루이스에 있는 40곳 이상의 양조장에 양조설비를 팔았다.
그는 양조장을 운영하는 안호이저 가문의 에버하트와 결혼했다.
하지만 당시 안호이저의 양조장은 망해가고 있었다. 맥주 맛이 너무도 형편없었기 때문이었다.
"세인트루이스의 술꾼들이 술을 바닥에 뱉곤 했다"는 이야기가 1929년 안호이저 부시가의 연대기에 기록되어 있을 정도였다.

* 그에게는 자신의 이름을 딴 호화로운 개인 철도 차량도 있었다.

미국에 와서 양조장을 세운 독일인들은 새롭게 나타난 문제를 함께 해결하기 위해 공식 단체도 만들었다.
그들이 해결한 문제 중 하나는 이런 것이었다. 미국의 여섯줄보리는 유럽의 보리보다 단백질 함량이 높고, 껍질이 두꺼웠다. 그래서 버드와이저를 비롯해 유사한 다른 라이트 라거 모두 유럽의 같은 레시피 맥주에 비해 색이 탁하고 거친 맛이 났다.
두줄보리 Hordeum Distichum
여섯줄보리 Hordeum Vulgare
부시와 연구진은 미국에 풍부한 옥수수와 쌀을 첨가해 이런 문제를 해결할 수 있었다.
COUNTY
이들 첨가물 덕분에 맥주 가격도 내려갔다.
밀러, 셰퍼, 팝스트를 비롯한 다른 맥주 회사들 모두 '기회의 땅'에서 놀랄 만한 성공을 거두었다. 사실 이들의 길을 닦아준 것은 지구 반바퀴 저편에 있는 유럽의 맥주 과학자들이었다.
이들 전문가들은 오랫동안 발효와 오염은 생물학적 과정이 아니라 화학적 과정이라고 생각하고 있었다.
하지만 1820년대 들어 이탈리아의 조반니 바티스타 아미치가 개발한 정교한 현미경으로 세포 수준까지 관찰하는 게 가능해지자 상황이 달라졌다.
1837년, 현미경으로 무장한 샤를 카냐르 드 라투르, 프리드리히 퀴칭, 테오도르 슈반은 효모가 독립적으로 살아 있는 생명체라는 사실을 확인했다.

* 나폴레옹 보나파르트의 조카

파스퇴르는 맥주의 미생물을 살균하는 일시 가열 프로세스를 개발했다.
L. PASTEUR.
Brewing Beer and Ale.
No. 135,245.
Patented Jan. 28, 1873.
Fig. 1.
Fig. 2.
Inventor
Louis Pasteur
By his attorney
C M. Keller
Witnesses
E. Wolf
J. Felbel
냉장 기술과 더불어 파스퇴르의 저온 살균법은 맥주의 보존 기한을 크게 늘렸다.
NHEUSER-BUSCH
BREWING ASS'N
The First Brewery to Introduce
PASTEURIZED BOTTLED BEER IN AMERICA.
에밀 크리스티안 한센은 가브리엘 제들마이어에게 맥주 제조법을 배웠다.
자신의 고향 코펜하겐의 칼스버그 양조장에서 연구에 몰두한 한센.
그는 파스퇴르의 연구를 바탕으로 유전적으로 순수한 효모 종균만 실험실에서 배양할 수 있는 기법을 개발했다.
SAL
T BOT CO
이 방법이 개발되기 전에는 어쩔 수 없이 여러 종의 효모를 섞어 맥주를 만들어야 했다.
하지만 한센의 혁신으로 이제 특정 맥주에 가장 잘 맞는 효모만 골라 양조를 할 수 있게 되었다.

하지만 과학은 양조자들과 맥주를 즐기는 사람들이 생각지 못한 또 다른 면을 밝혀내기도 했다.

End of Chapter Six

Chapter Seven 7장. 금주법, 그리고 사라진 다양성: 상해버린 맥주

PROHIBITION AND HOMOGENIZATION BLUES: BEER GOES STALE

맥주는 어디서나 쉽게 구할 수 있는, 큰 해가 없는 대체 식량쯤으로 여겼다.
나는 우리 시민 3분의 1과 그 가족을 죽음으로 몰고 간 위스키 대신, 맥주가 일상생활에 들어왔으면 한다.
토머스 제퍼슨, 1816년
하지만 조지프 리브지는 맥주까지도 숨통을 막아버렸다.
오래전부터 미국인은 자신들의 종교적 믿음에 따라…
술 마시던 입으로는 우리 입술 근처에도 오지 마라
TOBACCO
THE USE OF TOBACCO, IN ANY FORM, IS A DIRTY, FILTHY, DISGUSTING, DEGRADING HABIT. NO GENTLEMAN WILL USE TOBACCO IN THIS CITY.
YOU HAVE NO MORE RIGHT TO POLLUTE WITH TOBACCO SMOKE, THE ATMOSPHERE WHICH CLEAN PEOPLE HAVE TO BREATHE, THAN YOU HAVE TO SPIT IN THE WATER WHICH THEY HAVE TO DRINK
모 아니면 도라는 식으로 밀어붙이곤 했다.
금주운동의 많은 회원이 바로 그랬다.
꺼져, 이 멍청아!
더럽고 냄새나는 거 피우다간 폐암에 걸리거나 마비가 찾아올 거다!

음주에 반대하는 가장 따란만장하고 전투적인 사람 중 하나가 바로 모니커 캐리 네이션이다.
그녀는 맥주에 거친 말을 마구 퍼부었다.
사람 말고는 어떤 동물도 이런 썩어빠진 음식 쓰레기를 먹지 않아. 이게 독약이라는 걸 제정신인 사람이라면 모를 리가 없지!
콰앙!
그녀는 신이 보냈다면서 도끼를 휘두르고 다녔다.
스스로를 '술집 파괴자'라 선언하고, 1890년대 캔자스에서 닥치는 대로 부수는 것으로 악명을 떨쳤다.
콰직!
나는 케그의 마개를 뽑고 맥주통의 꼭지를 열어 젖혔지.
매주가 사방으로 흘러나왔고, 그렇게 기분이 좋을 수가 없었어.
푸시식!

처음에는 금주운동을 하는 사람들, 그리고 이들의 영향력 내에 있던 '술 안 마시는' 정치인들은 단순히 술을 마시지 말라고 권하는 수준이었다.
사람을 망치는 장사가 있으니, 바로 술집이어라. 바로 강도의 소굴이네. 선량한 사람은 눈을 부릅뜨고 말하라. 이 살인적인 장사는 곧 망하리니.
술집은 사라져라.
하지만 단순히 도덕심에 호소하는 것은 별 효과가 없었다.
'금주' 정치인들은 강압적인 공권력을 행사할 방안을 마련하기 시작했다.
한편, 영국, 프랑스, 오스트리아-헝가리, 러시아, 독일 제국은 자신들의 탐욕을 드러내며, 무력을 사용하여 폭압적인 행보를 펼쳤다.
이들 민족국가는 외국의 천연자원을 마구잡이로 집어삼켰다.
공격적으로 뻗어가던 유럽의 강대국들은 서로 연맹을 맺거나 적대 관계로 돌아섰다.
아프리카
인도
인도차이나
보스니아 헤르체고비나
1914년, 결국 일이 터졌다.

독일의 황제 빌헬름 2세의 친구, 프란츠 · 페르디난트 대공이 사라예보에서 살해된 것이다.
탕! 탕!
AM-118
암살 사건의 파장은 매우 컸다. 그 파도는 점점 거세지다가 복잡하게 얽힌 유럽 강대국들의 외교 전선에 위험한 역류를 일으켰다.
러시아는 독일과 오스트리아-헝가리에 대항하는 군사작전을 펼쳤다.
독일은 프랑스를 침공해 들어갔고….
영국은 프랑스를 돕겠다고 했다.
참혹하고 야만적인 제1차 세계대전이 시작된 것이다.
처음에 미국은 개입하지 않겠다고 했다.
1914
1918
Par deux fois j'ai tenu et vaincu sur la
Civil, mon frère,
sournoise offensive de la "paix blanche" va t'assailli
me moi, tu dois tenir et vaincre, sois fort et ma
Méfie-toi de l'hypocrisie b
하지만 1915년 독일의 잠수함이 영국의 여객선을 침몰시키는 사태가 벌어졌다.
루스타니아호가 파도에 휩쓸려 가라앉으면서, 미국인 승객 128명이 죽었다.
그와 함께 미국의 중립도 독일의 어뢰에 격침되었다.

독일 출신인 미국의 맥주 큰손들은 전쟁 중에도 '아버지 나라'와 탄탄한 연계를 맺고 있었다.
GIVES $100,000 TO
예를 들어, 아돌푸스 부시는 하버드 대학의 게르만 박물관에 재정 지원을 계속하고 있었다. 그곳 책임자는 '훈족'을 지지한다고 알려진 사람이었다.
FREDERICK THE GREAT
쿠노 프랑케
현재 벌어지고 있는 전 세계의 충돌 상황에 독일은 충분한 대의명분을 갖고 있다고 진심으로 믿고 있소.
부시의 사위는 다른 사람도 아닌, 빌헬름 2세로부터 직접 프로이센 황제의 십자훈장을 받기도 했다.
1917년 미국이 독일에 선전포고를 하자
맥주에는 반역이라는 더러운 딱지가 붙게 되었다.
JACOB RUPPERT
NEW YORK, N.Y.
Knickerbocker Beer
CONTENTS 12 FLUID OUNCES
ANHEUSER BUSCH
BUDWEISER
금주운동이 찾고 있던 바로 그것이었다.
금주운동을 지지하는 정치가들에게 반대할 미국인은 거의 없었다. 남의 나라에까지 가서 '모든 전쟁을 끝내기 위한 전쟁'을 하고 있는 판국이었으니 더욱 그러했다.

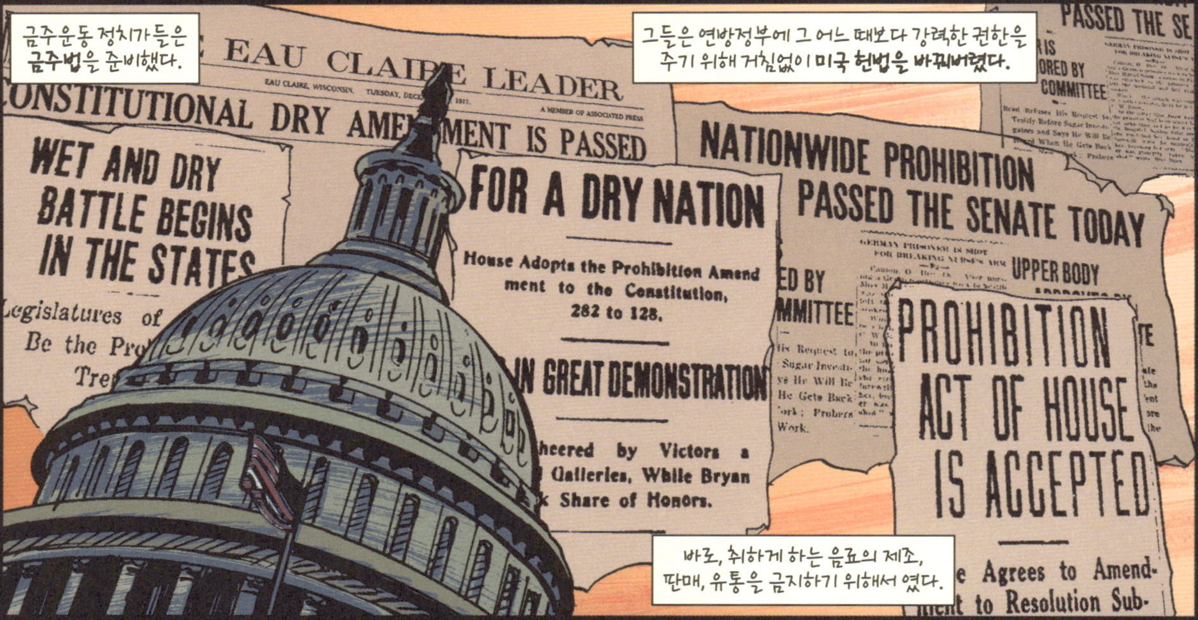

뉴욕시

캘리포니아주, 포터빌

현재 쿠어스 라이트는 알코올 함량이 4.2%, 버드와이저는 5%다.

진저 에일이나 버치 비어, 몰트 추출액, 콘 시럽, '그레이프 부케' 같은 것을 만들기도 했다.
말도 안 되지만 0.5% 이하로 알코올이 거의 없는 맥주도 만들었다.
GINGER ALE
Budweiser
GRAPE BOUQUET
BUDWEISER
금주법은 애초부터 엄청난 실패작이었다.
법의 집행은 제멋대로였고, 단속에 들어가는 예산도 부족했다. 부패와 뇌물이 판을 쳤다.
금주법
갱단
사기꾼
밀수업자
마약상
DEPRESSION
경기불황
미국인들은 여전히 알코올을 원했다. 도수 높은 증류주를 찾는 사람이 많았다.
우리는 낙타가 아니다
맥주를 달라
I'M NO CAMEL I WANT BEER
REPEAL 18th COMMANDMENT
맥주에 대한 갈증도 여전했다.
사람들은 불법 양조장을 몰래 차렸다.
'약으로 쓰이는' 맥주라는 엉터리 처방을 만들어내기도 했다.
미국인들의 갈증을 이용하는 갱단들도 나타났다.
FLOWERS
마이크 멀로가 보냈소?

갱단 시카고파의 보스였던 딘 오배니언은 1924년 살해당했다. 그는 경쟁자인 조니 토리오에게 불법 양조장을 팔았는데, 연방수사국에서 그 양조장을 급습하리라는 것을 미리 알고 있었다.

가수이며 라디오 진행자였던 어니스트 헤어. '금주법 때문에 못 살겠다'는 포즈를 취하고 있다.

대공황이 계속되면서 실업자가 너무나도 많아졌다.
양조 산업을 다시 허용하는 것이 세수를 늘리고 사람들에게 일자리를 제공하는 탁월한 방법처럼 보였다.
내게 일자리와 먹을 것을 달라
1932년 미시시피 출신 민주당 하원의원 제임스 콜리어
맥주를 합법화하면 양조장에서 약 7만5000명, 술집에서 22만5000명을 고용할 수 있다고 추산됩니다.
1933년 새롭게 선출된 프랭클린 루스벨트 대통령은 맥주의 제조와 판매를 즉각 재허가할 것을 제안했다.
하원의원들에게는 더없이 기쁜 소식이었다.
우리는 맥주를 원한다!
투표!
투표!
1933년 4월 7일 자정이 지나고 7분 후, 미국에서 합법적으로 만들어진 첫 번째 맥주가 백악관으로 향했다.
루스벨트 대통령 당신을 위한 첫 번째 진짜 맥주입니다.
1341
1AC
그로부터 8개월 후, 21조 수정조항이 재가되었다.
금주법은 효력을 완전 상실했다.
술을 팔 수 있는 곳에, 맥주가 돌아온 것이다.

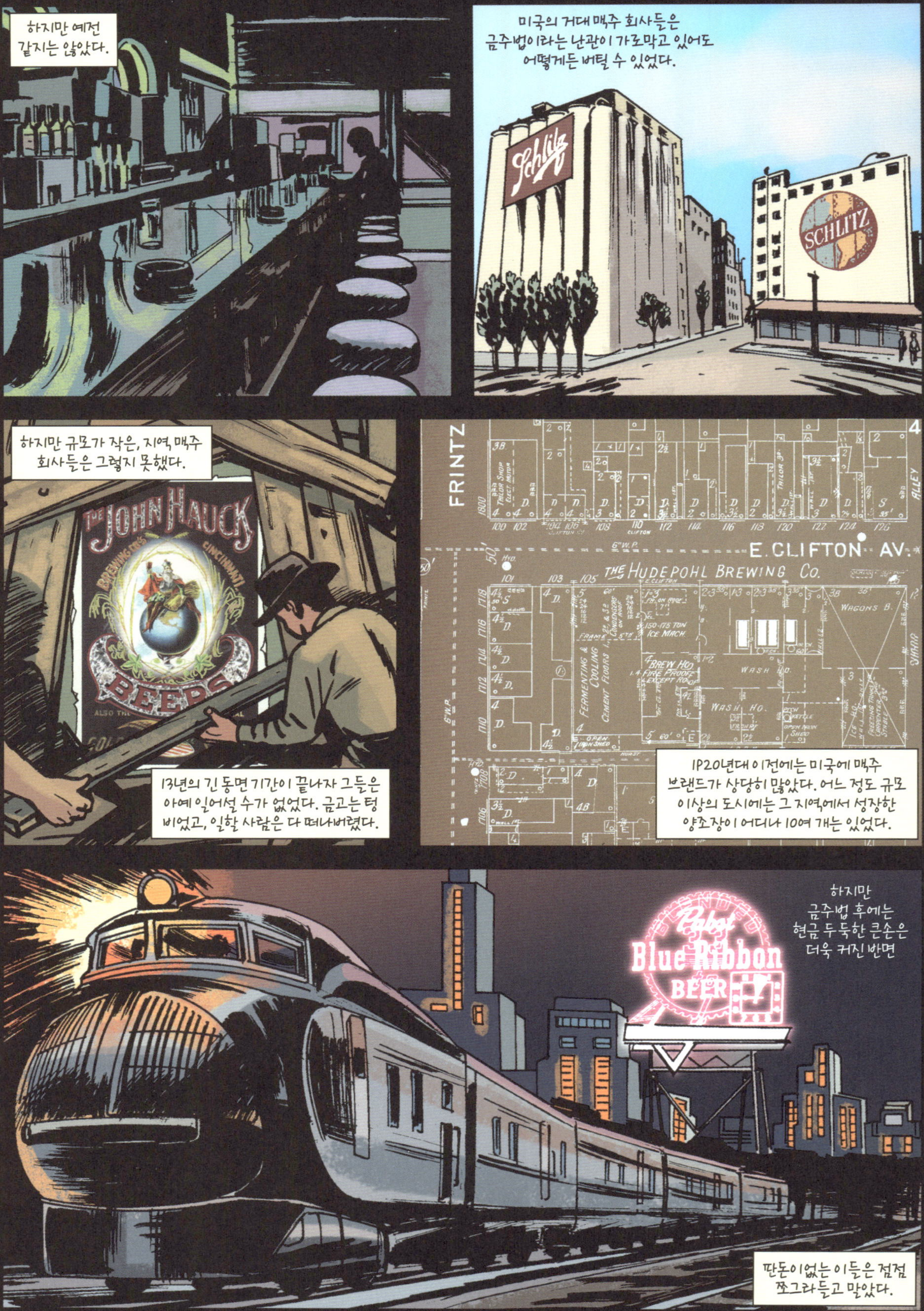
하지만 예전
같지는 않았다.
미국의 거대 맥주 회사들은
금주법이라는 난관이 가로막고 있어도
어떻게든 버틸 수 있었다.
Schlitz
SCHLITZ
하지만 규모가 작은, 지역 맥주
회사들은 그렇지 못했다.
THE JOHN HAUCK
BEERS
13년의 긴 동면 기간이 끝나자 그들은
아예 일어설 수가 없었다. 금고는 텅
비었고, 일할 사람은 다 떠나버렸다.
FRINTZ
E. CLIFTON AV.
THE HUDEPOHL BREWING Co.
1920년대 이전에는 미국에 맥주
브랜드가 상당히 많았다. 어느 정도 규모
이상의 도시에는 그 지역에서 성장한
양조장이 어디나 10여 개는 있었다.
Pabst
Blue Ribbon
BEER
하지만
금주법 후에는
현금 두둑한 큰손은
더욱 커진 반면
판돈이 없는 이들은 점점
쪼그라들고 말았다.

예전에는 술집이 케그든 탭이든 맥주를 구할 수 있는 거의 유일한 곳이었다.
사실 안호이저-부시는 이미 1876년부터 맥주를 병에 담아 팔았다.
하지만 그건 비쌌다.
TRADE MARK
WASHINGTON DC
REGISTERED
KRUEGER Finest BEER
ALSO ENJOY KRUEGER IN BOTTLES AND ON DRAUGHT
그런데 1935년 놀라운 혁신이 일어났다. 캔에 담긴 맥주가 나오기 시작한 것이다.
ENJOY the NEW CONVENIENCE of a CONSERVADOR
Sold and Guaranteed by PHILCO
이제 새롭고 편리한 보관의 시대가 열립니다.
캔맥주와 냉장고의 가격이 떨어지면서,
사람들은 이제 맥주를 집에서 마셨다.
선택할 수 있는 맥주 종류가 점점 줄어들면서…
남자들이 술 먹고 흥청대던 술집도 점점 뒤안길로 사라져 갔다.

대서양 건너 독일에서는, 제1차 세계대전에 비참하게 패한 후에도 비어할레는 여전히 사람들로 북적였다.
비어할레는 아돌프 히틀러가 자주 가던 곳이었다.
오스트리아-독일 제국의 국경 부근에서 중산층 공무원의 아들로 태어나, 불같은 성미에 잘난 척하기 좋아하던 히틀러.
Süddeutsche Monatshefte
Heft 7. Jahrg. 21
April 1924
"등 뒤의 칼"
DER DOLCHSTOSS
Süddeutsche Monatshefte G. m. b. H., München
그는 독일의 패배를 유대인과 공산주의자 탓으로 돌렸다.
히틀러는 우익의 지도자가 되었다.
1923년 11월 8일과 9일에 히틀러와 그의 지지자들은 뮌헨의 뷔르거브로이켈러라는 비어할레에 모였다.
Bürger Bräu Keller

오늘 밤 독일의 혁명이 시작됩니다. 실패하면, 우리는 내일 새벽을 보지 못할 겁니다.
그들은 정부 관리들을 무력으로 억류하고 정부를 뒤엎으려 했다.
이것이 히틀러가 체포되면서 끝난, 소위 **맥주집 반란 사건**이다. 하지만 불행히도 이 일로 히틀러의 명성은 하늘로 치솟는다.
제2차 세계대전은 제1차 세계대전보다 훨씬 더 큰 공포를 전 세계에 몰고 왔다.
전쟁에서 공군의 영향력이 커지면서,
거기! 창문 닫아!
ARP
탁탁
탁탁
탁탁
탁탁

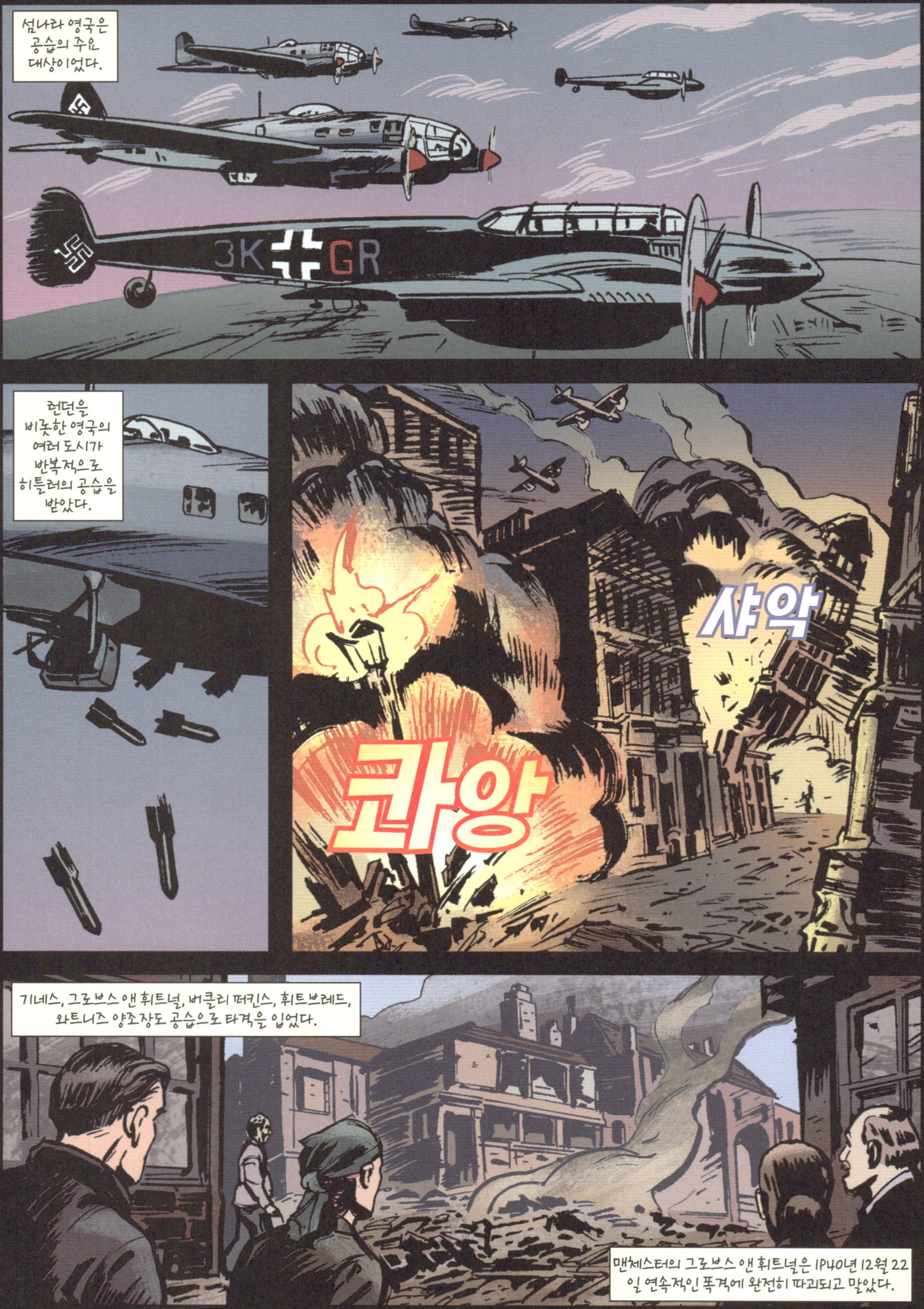
섬나라 영국은 공습의 주요 대상이었다.
3K GR
런던을 비롯한 영국의 여러 도시가 반복적으로 히틀러의 공습을 받았다.
샤악
콰앙
기네스, 그로브스 앤 휘트널, 버클리 퍼킨스, 휘트브레드, 와트니스 양조장도 공습으로 타격을 입었다.
맨체스터의 그로브스 앤 휘트널은 1940년 12월 22일 연속적인 폭격에 완전히 파괴되고 말았다.

미국은 곧 나치와
그 동맹국에
전쟁을 선포하고
참전했다.
그러면서 미국 경제는
대공황에서 벗어나
급성장을 거듭한다.
1인당 맥주 소비량도
1940~1945년
사이에 50%나
늘어났다.
마침내 제2차
세계대전이
끝났고
VICTORY!
승리!
일본
항복하다
JAPAN
SURRENDERS
미국은 전 세계의 자유 진영을
대표할 만큼 힘이 커졌다.
While you are
enjoying the Fair
enjoy
Hamm's
the beer refreshing
WELCOME
TO THE
SEATTLE
WORLD'S FAIR
금주법 이후 발생한
수익을 바탕으로
미국의 거대
맥주 브랜드들은 더욱
강력한 마케팅을
펼쳤지.
BEER
마침 텔레비전이
보급되면서 미국
전역에서 브랜드
인지도를 얻게 됐고.

1953년 8월, 아돌푸스의 손자로 당시 안호이저-부시의 회장이던 '거시' 부시는 세인트 루이스 카디널스 야구팀을 사들였다.
그는 야구장 명칭을 자신의 가족 이름에 맞춰 바꾸고, 버드와이저 광고로 도배를 했다. TV로 경기를 보던 수백만 시청자들이 이것을 보았다.
Budweiser
이 일등 미국 맥주 회사는 라거 맥주 공장을 계속 지었다.
자동화, 더 나아가 컴퓨터 제어 시스템을 도입하면서 상상할 수도 없을 만큼 엄청난 양의 맥주를 생산하고 배급하게 되었다.
미국 사람들이 계속해서 이런 맥주들을 마시면서 모든 맥주가 비슷해졌다.
쓴맛이 거의 없는 무난한 맛에 가볍게 '마시기 좋은' 황금빛의 대량생산된 라거.
조금 지나자, 실험적인 '다이어트' 맥주가 거품을 내며 나타났다.
맥주 맛은 바뀌지 않았어요. 대신 칼로리만 조금 낮췄죠.
GABLINGER'S BEER
라이트 비어를 만든 생화학자 조지프 오워드스
밀러는 1975년에 저칼로리 맥주를 선보였다.
맥주에서 원했던 모든 것이 들어 있습니다. 단 하나만 빼고….
밀러의 새로운 라이트 비어
곧 만납니다.
이런 '라이트' 맥주가 맥주 뱃살을 줄이는 데 얼마나 효과적인지는 모르겠지만, 이런 혁신적인 제품이 매출, 그리고 광고비도 엄청나게 늘려준 것만은 분명하다.

맥주 스타일: 미국식 라거

American Lager

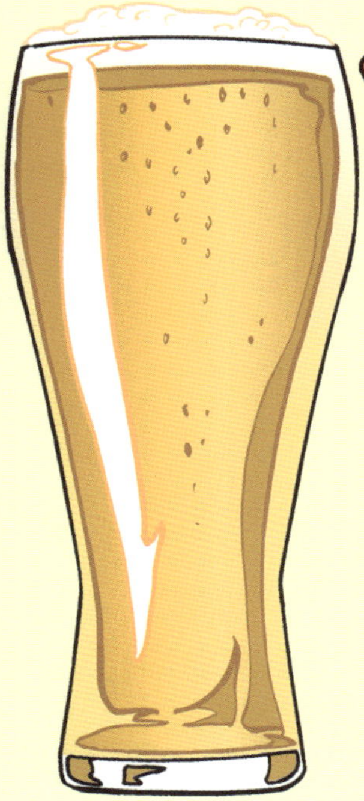

미국식 라거에 대한 비난은 끊이지 않는다.

하지만 지금도 여전히 이 스타일의 맥주는 전 세계에서 가장 많이 소비되고 있다. 외관상 비슷해 '필스너'라고 부르는 경우도 많지만, 미국식 라거는 대부분 보헤미아의 조상과는 색깔 정도나 비슷할 뿐 닮은 점이 없다. 기원을 찾아가면 꽤 오래전으로 거슬러 올라가겠지만, 미국식 라거는 20세기 미국의 산물이다. 제2차 세계대전 후 미국 소비자의 전형적인 입맛에 맞도록 진화를 거듭한 결과인 것이다. 다시 말해, 미국의 산업화, 기업의 인수합병, 경제 상황이 이런 맥주를 만들었다. 그 과정에서 수세기에 걸쳐 이어져온 전통과 지역적 특성이 담긴 다양성이 힘을 잃어갔다. 금주법은 작은 규모의 양조장 수를 확 줄여놓았다. 그러다 금주법이 풀리자 살아남은 양조장들은, 시장은 훨씬 커져서 좋은데 유통이 빠르게 자리 잡으면서 더욱 치열한 경쟁을 해야 했다. 이제 맥주가 지역 특산물이라기보다는 전국적인 소비재가 되어버린 것이다.

미국에서는 오래전부터 맥주에 쌀이나 옥수수를 첨가했다.

그런데 제2차 세계대전이 끝나자 산업화된 거대 맥주회사들은, 주로 경제적인 목적으로 이런 부가재료의 양을 늘리기 시작했다. 대기업에서는 이렇게 맥주에 들어가는 원가를 줄이면서, 첨가물을 통해 보다 폭넓은 소비층에 어필하도록 무난한 맥주를 만들어냈다. 라거를 만드는 미국의 많은 맥주 회사들은 최대 40%까지 옥수수나 쌀을 넣는다. 또 홉도 쓴맛을 겨우 느낄 정도의 최소량만 넣는다. 튀지 않고 원만한 미국식 라거는 많은 계층에 쉽게 다가갔는데, 특히 여성과 유럽 출신이 아닌 사람들이 그들이다. 원래 맥주를 마시던 사람들이 아닌 계층에게 맥주의 길을 열어준 것이다.

맥주에 정통한 사람들은 미국식 라거를 무시한다. 맥주 고유의 맛이라고 할 수 있는 몰트의 풍부한 단맛과 홉의 쓴맛이 느껴지지 않기 때문에, 미국식 라거는 목마를 때 먹는 음료수 정도라고 생각한다.

하지만 다시 생각해보면, 미국식 라거가 시장을 장악하고 있었기 때문에, 그 반작용으로 크래프트 맥주가 나올 수 있었던 것 아닌가 싶다.

미국식 라거가 모든 사람의 입맛을 만족시키지는 못할 수 있다. 하지만 무시할 수 없는 사실이 하나 있다. 이들 맥주는 보통 사람들의 표준적인 입맛에 맞춰져 있다는 점이다.

그래서 미국식 라거를 양조하는 사람들은 전 세계 어디에서나 기술적으로 가장 원숙한 단계에 올라 있다.

양조장의 수가 줄어들고 맥주의 다양성이 사라지는 것은 패스트푸드의 약진과도 관계가 있다. 1970년대에는 양조장이 미국 전역에서 역사상 가장 적은 44개밖에 없었고 그보다 적은 수의 브랜드를 내걸고 맥주를 만들어내고 있었다.
맥도날드와 양조장 수 비교(1950~1980년)
6000
5000
4000
3000
2000
1000
0
450
400
350
300
250
200
150
100
50
0
''50 '55 '60 '65 '70 '75 '80
맥도날드
양조장
거대 회사가 만든 라거가 지배하는 가운데, 맥주 애호가들은 진흙탕에서 다이아몬드를 찾고 있었다. 향토 맥주나 전통 맥주, 아니면 유럽 수입 맥주가 바로 그 광맥이었다.
Budweiser
KING OF BEERS
Schlitz
Miller
Coors
Heineken
IMPORTED
수입맥주
이들 중 첫 번째로 꼽을 만한 사람이 프레더릭 루이스 '프리츠' 메이택 3세다.
MAYTAG'S MAKING WASHERS AGAIN!
창업가 가족이었던 메이택 가문은 세탁기와 블루 치즈를 만드는 동명의 회사를 만들었다.
1960년대 샌프란시스코에 살던 메이텍은…

End of Chapter Seven

Chapter Eight 8장. 거인의 어깨 위에서 마시다

DRINKING ON THE SHOULDERS OF GIANTS: BEER TODAY

1971년 3월 어느 날, 영국 북부에서 온 네 명의 친구들이 '맥주 휴가'를 즐기고 있었다.
그들은 음주 여행을 하며 이제 유럽의 서쪽 끝까지 와버렸다.
아일랜드 딩글 반도의 크루거 바.
KRUGERS
프리츠 메이태그처럼 마이클 하드먼, 빌 멜러, 짐 메이킨, 그레이엄 리스, 이 네 사람은 이미 질릴 대로 질려 있었다.
E
E
TARTAN ALE
영국의 맥주 생산은 전쟁으로 어려움을 겪기는 했지만, 그래도 별 무리없이 계속되고 있었다.
영국에서 전국적인 금주령 같은 것은 생각도 할 수 없는 일이었다.
DANGER
STREET
CLOSED
그런데 영국의 맥주 제조가 현대화되면서 맥주 맛은 오히려 평범한 수준이 돼버렸다.

거대 양조 회사가 경쟁 회사를 차례로 인수한 것도 하나의 원인!!
바스
솔트
워딩턴
미첼스 앤 버틀러
힐 앤 쉬랫
메이킨
스튜어드 앤 헤드
채링턴

양조 회사들은 나무통에서 숙성시켰던 **리얼 에일**을, 살균하고 강제로 탄산화한 케그 비어로 하나씩 바꾸었다.
나무통에 넣은 맥주
보통 살균이나 여과를 거치지 않는다
효모가 살아 있어 2차발효가 활발하게 일어나고, 맥주가 꾸준히 숙성된다.
취급 과정에서 공기가 들어가 보관 기한이 줄어들 수 있다.
강제 탄산화를 하지 않아 맥주 맛이 좀 밍밍하다.
일반적으로 맥주의 강렬하고 다양한 특성이 살아 있다.
효모가 살아 있기 때문에 민감하고 쉽게 변할 수 있다. 그래서 전문가의 숙련된 핸들링이 **필요하다.**
옆면이 볼록하다.
대개 핸드 펌프로 맥주를 따른다.
침전물이 주로 아래에 쌓인다.
수평으로 놓는다
케그에 넣은 맥주
대개는 여과하고 살균한다.
효모가 비활성화되어, 추가 발효가 잘 일어나지 않는다.
외부 환경과 완전히 차단된다.
대부분 인위적으로 탄산화한다. 거품이 많이 나며 맥주가 깔끔하고 청량감이 있다.
내부가 살균 상태라 장거리 이동이 가능하고, 취급이 간편하며, 오래 보관할 수 있다.
세워 놓는다.
옆면이 평평하다.
높은 압력의 이산화탄소를 불어넣어, 가운데 바닥까지 뻗은 관을 통해 맥주를 뽑아낸다.
바닥이 볼록하게 솟아 있어 침전물이 고이지 않는다.

하드먼, 멜러, 메이킨, 리스는 당시에는 양조에 대해 잘 몰랐다고 순순히 인정한다.
하지만 자신들이 좋아하던 맥주를 찾기가 점점 어려워진다는 건 알고 있었다.
TAVERN KEG BITTER
E
E
TARTAN ALE

바로 이 네 사람이 세계에서 가장 성공적인 소비자 반란 중 하나를 일으킨 주인공들.
그들이 벌인 일은 캄라(CAMRA), 즉 '리얼 에일을 위한 캠페인'이었다.
CAMRA
캄라는 영국의 전통 맥주 양조법을 전수하고 영국 고유의 맥주를 제공하는 펍의 든든한 수호자가 되었다.
캄라의 지위는 급속도로 높아졌다.
이들이 주최하는 행사에 첫 해에만 2000명 이상이 모였다.
1974년부터 캄라는 《굿비어가이드》라는 영향력 있는 책자를 매년 발행하고 있다.
CAMRA
GOOD BEER GUIDE
75p
30p
The GREAT BRITISH BEER FESTIVAL
OFFICIAL SOUVENIR PROGRAMME
1977년부터는 매년 열리는 영국맥주축제를 개최하고 있다.

한편 미국에서는 독특한 맥주를 되살리려는 움직임이 영국보다 산발적으로 일어났다.
Beer
파산 직전의 조그만 앵커 브루어리를 구하려고 마음먹은 프리츠 메이택.
ANCHOR BREWERY
그와 동료들은 레시피를 계속 다듬었고…
맥주 맛에 대한 좋은 평가와 돈은 별로 안 들였지만 활발한 마케팅 덕에
실험적인 맥주를 내놓을 수준의 자금을 확보할 수 있었다.
크리스마스 에일
호피 에일
발리 와인
그리고 1972년에 처음으로 선보인 포터까지!
당시에는 본고장인 영국에서도 포터를 거의 찾아볼 수 없었다.
물량과 번쩍이는 광고가 아니라 맥주의 맛과 독특함이 앵커의 성공을 이끌어냈다.
ANCHOR
SINCE 1896
BREWING
SAN FRANCISCO
그 이후에는? 미국에도 맛있는 고품질의 맥주라면 돈을 아끼지 않는 사람들이 있다는 것을 양조자들이 알아차리게 되었다.

HARPOON
LEVIATHAN
IPA
BREWDOG'S "END OF HISTORY" 55% ABV
SUPPLICATION
500
메이태의 성공은 맥주에 대한 기존의 생각을 바꾸고 새로운 지평을 여는 원동력이 되었다.
미국의 서부 해안 지역은 크래프트 맥주 혁명의 진앙지다.
캘리포니아의 소노마 지역.
우르르릉!!
이곳에 전직 잠수함 기술자 잭 매컬리프가 살고 있었다.
그는 한때 스코틀랜드에서 일하면서, 그곳에서만 생산되는 독특한 맛의 환상적인 맥주를 즐긴 적이 있었다.
the holy loch inn
taigh - òsda loch seunnta
welcome

* 1579년 프란시스 드레이크가 캘리포니아 북부 지역을 노바 앨비온, 즉 뉴 잉글랜드라고 부른 것을 따른 것이다.

매컬리프의 딸이 그 후 '뉴 앨비온'이라는 브랜드를 다시 살려 매주를 만들어 팔고 있다.

맥주 스타일:
미국식 페일 에일

AMERICAN PALE ALE

미국식 페일 에일 이야기를 하면서 켄 그로스먼을 빼놓을 수 없다.

켄 그로스먼은 캘리포니아에서 자전거 숍을 운영하면서 수제 맥주용 기구를 만들어 판매하는 일을 했다. 그도 역시 프리츠 메이택의 앵커 브루잉과 잭 매컬리프의 뉴 앨비온을 탄생시킨 흐름에 큰 자극을 받았다.
그는 미국 서부 지역 크래프트 맥주 커뮤니티의 지원과 뭔가를 뚝딱 만들어내는 손재주를 바탕으로 치코라는 작은 대학 도시에 맥줏집을 열었다.

1981년 그로스먼은 시에라 네바다 페일 에일을 내놓는다.

시에라 네바다는 이제껏 가장 많이 팔린 크래프트 맥주 중 하나로, 미국식 페일 에일의 확고한 기준이다.
선구적인 미국의 소규모 양조장에서는 자신들이 만들 에일의 모델로 독일식 보다는 영국식 에일을 많이 참고했다.
에일은 숙성 기간도 길지 않고 보관할 지하 창고가 크지 않아도 되기 때문에, 라거보다 빨리 판매용으로 내놓을 수 있었다. 또 미국 사람들 입장에서는 독일보다는 영국의 양조 자료를 구해서 읽는 게 훨씬 쉬웠던 점도 있었다.

미국식 페일 에일은 영국의 사촌을 과감하게 재탄생시킨 것이다.

미국식 페일 에일은 미국의 기술과 재료로 만들어졌다. 특유의 아로마는 오리건주와 워싱턴주의 캐스케이드 지역에서 재배한 홉으로 처리한 것이다.
캐스케이드 홉은 미국 농림부의 홉 품종개량 프로그램에 의해 개발되어 1971년 공개되었다.
자몽 향과 겹쳐 올라오는 솔 향은 미국식 크래프트 맥주의 트레이드마크가 되었다.
아이피에이(IPA)의 미국식 버전이 나오기 전까지 미국식 페일 에일은 소규모 양조장에서 자신들의 색깔을 드러내는 일종의 핵심 제품이었다.
그래서 당시 미국의 소규모 양조장에서는 모두 미국식 페일 에일을 자신의 생산 리스트에 넣고 있었다.

불과 얼마 전까지만 해도 사람들은 이들 맥주가 너무 쓰다고 여겼다.

하지만 홉의 쓴맛이 점점 강해지면서 미국의 크래프트 맥주를 마시는 사람들의 입맛도 그에 맞춰 바뀌었다.
이들 맥주의 쓴맛은 거의 기하급수적으로 높아졌다.
이제 맥주 애호가들의 입맛에 미국식 페일 에일은 그냥 보통 쓴맛 정도에 불과하다.

GOOD LUCK FROM
HUDDERSFIELD.
거의 같은 시기에,
영국 북부 출신의,
맥주를 사랑하는
한 저널리스트가
GREENHEAD PARK.
CASTLE HILL
TOLSON MUSEUM, RAVENSKNOWLE
MOLLICAR WOODS

맥주에 대한 생각 자체를
바꿔놓는 일을 벌였다.
THE BEER HUNTER

1969년 마이클
잭슨은 취재차
네덜란드에 머물게
되었는데…
얼마 지나지 않아 하이네켄과
암스텔에 질린 그는 뭔가
새로운 맥주를 찾기 시작했다.
그러던 어느 날…

네덜란드의
남부 지방으로
놀러간 잭슨.

이야, 이거
죽이는데!
트라피스트
맥주라는 거야
이런 맥주가
좋으면, 벨기에에
가야지.
마스크를 쓴 남자가
말한 대로 그는
벨기에로 향했다.
Buddens
VOLVO
그곳에서 잭슨은
엄청나게 다양하고 맛있는
맥주를 맛보게 된다.
Buddens
벨기에에서 돌아온 그는 맥주 특유의
미묘한, 그러나 분명한 차이를
찾아보겠다고 마음먹는다.

1977년 잭슨은 《세계 맥주 가이드》 라는 책을 출간한다. 페이지마다 위트와 열정이 가득했고, 화려한 글솜씨가 거품처럼 흘러넘쳤다.
그는 맥주들 간의 차이를 체계적으로 정리해서, 맥주에 '스타일'이라는 개념을 만들어냈다. 지금 이 책은 물론이고 맥주에 관한 거의 모든 글이 당연한 듯 따르고 있는 바로 그 분류법 말이다.
THE WORLD GUIDE TO BEER
마이클 잭슨은 맥주를 사랑하는 사람들에게 맥주의 모든 특징을 상세하게 표현할 수 있는 용어와 기준을 남겨주었다.
《세계 맥주 가이드》 이후로도 수많은 글을 남긴 이 맥주 시인은,
…크래프트 맥주 혁명의 정신적인 리더이자 대변인이 되었다.
물론 그 혁명의 많은 부분이 이미 굴러가고 있던 것이기는 했지만,
그래도 그가 제대로, 또 힘차게 차주었다는 것만은 부인할 수 없다.

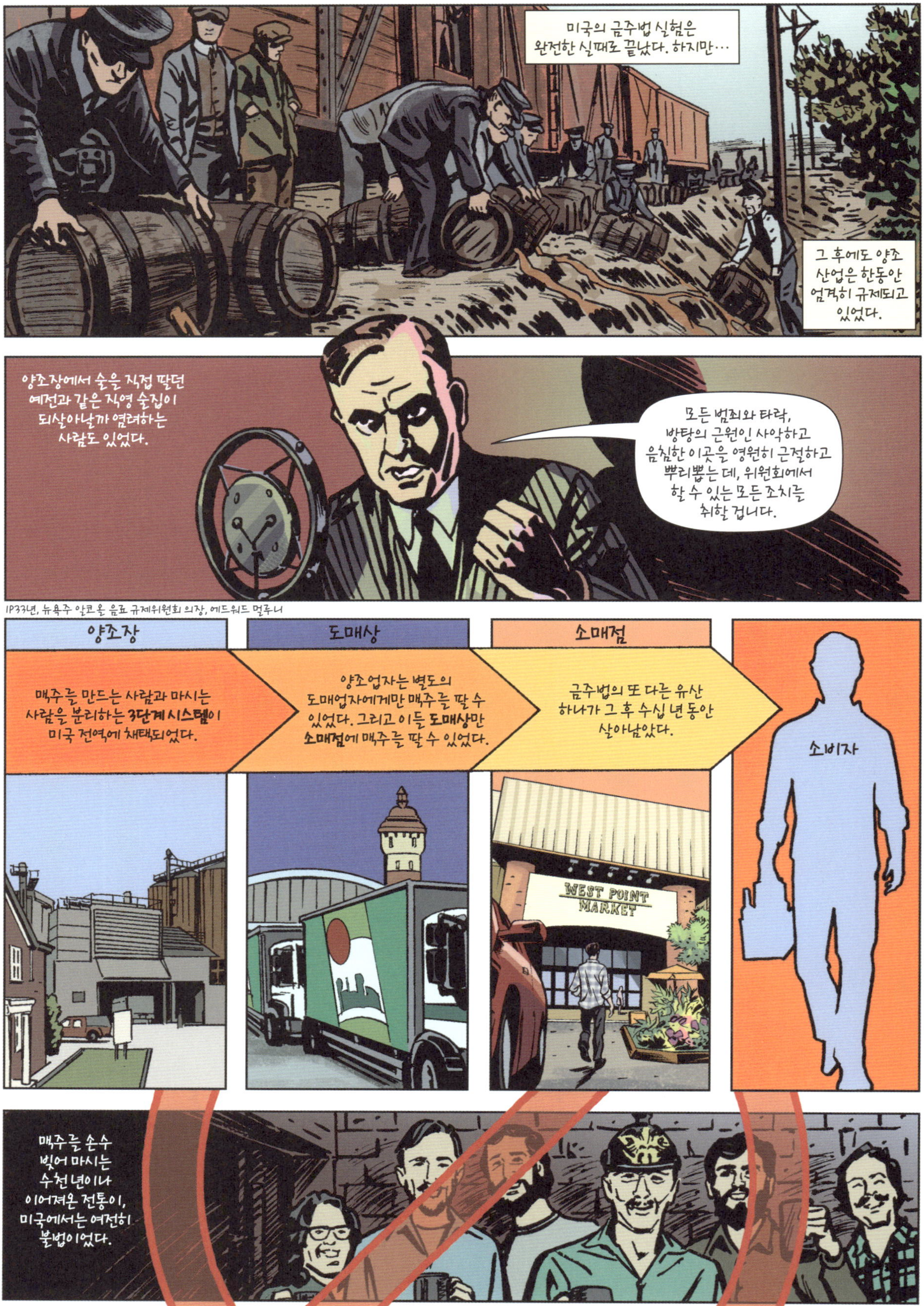
미국의 금주법 실험은
완전한 실패로 끝났다. 하지만…
그 후에도 양조 산업은 한동안 엄격히 규제되고 있었다.
양조장에서 술을 직접 팔던 예전과 같은 직영 술집이 되살아날까 염려하는 사람도 있었다.
모든 범죄와 타락, 방탕의 근원인 사악하고 음침한 이곳을 영원히 근절하고 뿌리뽑는 데, 위원회에서 할 수 있는 모든 조치를 취할 겁니다.
1933년, 뉴욕주 알코올 음료 규제위원회 의장, 에드워드 멀루니
양조장
도매상
소매점
매주를 만드는 사람과 마시는 사람을 분리하는 **3단계 시스템**이 미국 전역에 채택되었다.
양조업자는 별도의 도매업자에게만 매주를 팔 수 있었다. 그리고 이들 **도매상**만 **소매점**에 매주를 팔 수 있었다.
금주법의 또 다른 유산 하나가 그 후 수십 년 동안 살아남았다.
소비자
WEST POINT MARKET
매주를 손수 빚어 마시는 수천 년이나 이어져온 전통이, 미국에서는 여전히 불법이었다.

하지만 정해진 규칙 따위에 더이상
얽매이지 않으려는 반문화운동이
1960년대에 시작됐다.
반문화운동 지지자들은
독립적이고 자유로운 삶을
원했다. 자본주의 기업이
만들어낸 제품과 서비스는
인정하지 않았다.
대량생산되는
맥주는 그들에게
맞지 않았다.
우리는 뭔가의 도구나 재료가 아닙니다.
특정 제품이 되거나 어떤 가공을 해야 할
원재료가 아닙니다.
기계에 얽매인 삶이
너무나도 싫을 때, 마음속
깊은 곳에서 아니라고 할
때, 그때는 떠나세요.
그리고 당신의 육체가
톱니바퀴와 레버와 온갖 장치들
위에 놓여 있다면, 이제는
멈추십시오!
NEW
SUPER STORE
MONEY IS AN
UNNECESSARY EVIL
돈은 불필요악
FEED
IN
DIGGER
STORE
획일화된 미국식 라거에
질린 사람들에게 집에서
빚는 맥주는 불법이지만
하나의 대안이기도 했다.
하지만 이들 언더그라운드 활동가 중에는 충분한 양조 지식을 가진
사람이 없었다. 그래서 만들 때마다 그 맛이 들쭉날쭉할 수밖에 없었다.
맥주 빚는 방법은
알음알음으로 전해지거나,
영국에서 가져온 몇 쪽짜리
매뉴얼이 전부였다.

* 이 단어는 '발효학'이라는 뜻이다. 재미있게도 이 단어는 영어사전의 맨 끝에 나온다.

파파지안은 《홈브루잉의 완벽한 즐거움》이라는 책까지 썼다.
THE COMPLETE JOY OF HOME BREWING
CHARLIE PAPAZIAN
그리고 미국에서 첫 번째 맥주 축제를 개최한다.
그러는 사이에 미국 캘리포니아에서는 자신들의 취미 활동을 합법화하려는 사람들이 나타났다.
상원의원 앨런 크랜스턴이 홈브루어들의 뜻에 동조했다.
크랜스턴은 자가 소비 목적으로 집에서 맥주 만드는 것을 합법화하는 법안을 발의했다.
"(e) BEER FOR PERSONAL OR FAMILY USE.—Subject to reg…tion prescribed by the Secretary, any adult may, without paymen… tax, produce beer for personal or family use and not for sale. … ag-gregate amount of beer exempt from tax under this subsec… with respect to any household shall not exceed—
1978년 10월 14일 지미 카터 미국 대통령이 그 법안에 서명했다.
이 법안의 공식적이면서 동시에 시적인 명칭은 다음과 같다. "트럭, 버스, 트랙터 등과 맥주, 포도주 등의 자가 생산에 대한 물품 소비세, 그리고 항공기에 사용되는 휘발유와 특수유, 또 일괄 유통의 부분적 이월에 따른 세금 환급에 대한 1954년의 내국세 코드 개정에 관한 법률"
그러나 미국 헌법의 21조 수정조항에 의해, 각 주정부는 여전히 자가 양조를 금지할 수 있는 권한을 갖고 있었다.
ALABAMA YELLOWHAMMER
그러다 마침내 2013년 7월 1일, 미국 내에서 마지막으로 남은 두 곳, 미시시피주와 앨러배마주에서도 자가 양조를 할 수 있게 되었다.
MOCKINGBIRD STATE BIRD OF MISSISSIPPI
자가 양조가 이제 미국의 모든 주에서 합법화된 것이다.

여기서 잠시 1982년으로 돌아가보자.
워싱턴주 야키마시의 맥주를 좋아하는 한 사람이 3단계 규제 시스템에 저항하는 데 성공한다.
주인공은 바로 스코틀랜드 출신의 괴짜, 버트 그랜트. 그는 야키마 브루잉 앤 몰팅 컴퍼니를 세우고,
REAL ALE
자신의 공장에 펍을 열었다.
20세기에 들어와 맥주를 만들어 바로 파는 첫 번째 양조장을 연 것이다. 그것은…
브루펍의 부활을 알린 신호탄이었다.
다른 곳들도 곧 그의 뒤를 따르기 시작했다.
BERT GRANT'S
BREWERY PUB
브루펍은 캘리포니아와 콜로라도, 그리고 멀리 떨어진 뉴욕시에도 우후죽순처럼 생겨났다.
THE HOPLAND BREWERY
BEER GARDEN
크래프트 맥주는 미국 동부로 나아갔다.
1776년 미국의 독립을 이끌어낸 이곳이, 이제 맥주의 혁명이 발효할 새로운 장소가 된 것이다.
CITGO

비영리 야외활동 교육단체인
'아웃워드 바운드'의 강사인 짐 쿡은,
하버드 대학을
졸업하고 1984
년까지 경영
컨설턴트로 일했다.
쿡의 가족은
몇 세대에 걸쳐
양조장을 운영했었다.
하지만 산업화가
진행되면서 지역에
기반한 소규모
양조장들은 점점
힘들어졌고, 비즈니스
전망도 그리 밝지 않았다.
어느 날, 쿡과 그의 아버지는
다락의 트렁크에서
대회 수상 경력이 있는 오래된
라거 레시피 하나를 찾아냈다.
이게 우리가 가진
최고의 레시피야.
맥주를 좋아하던
짐은 집안의 천직을
되살려야겠다고
마음먹었다.
하지만 규모를 갖춘
양조장을 운영할
만한 돈은 쉽게
모이지 않았다.
MALT
XTRACT
그러다 어느 날, 재미있는
아이디어를 떠올렸다.
대규모로 대량생산하는 것이 당시
맥주 양조의 추세였지만, 소규모
혹은 중간 규모의 양조장들도 여전히
존재하고 있었다.
PITTSBURGH BREWING CO.
SINCE 1861
이런 곳들은 더 많이 생산할
여력이 있었지만, 판로 문제로
규모를 줄여 만들고 있었다.

쿡은 다락방 레시피를 상업적인 규모로 생산하는 계약을 맺었다.
생산능력에 여유가 있는 양조장을 찾아 자신의 레시피로 맥주를 만들도록 하청을 준 것이다.
양조전문가 조지프 오와디스 박사
1년도 채 되지 않아, 쿡의 새뮤얼 애덤스 보스턴라거는 미국맥주축제에서 큰 호평을 받았다.
+0.91%
SAMUEL ADAMS
BOSTON LAGER
RICH, BALANCED & COMPLEX
보스턴비어 컴퍼니는 현재 미국에서 가장 큰 크래프트 맥주 회사가 되었다.
쿡의 비즈니스 모델은 여전히 살아 있다. 오늘날 새로 시작하는 양조장들은 이런 방식을 통해 예전보다 대폭 줄어든 비용으로 자신들의 맥주를 시장에 내놓고 있다.
SAMUEL ADAMS
SAMUEL ADAMS
크래프트 맥주의 개척자들은 1990년대까지 이런 추세를 더욱 강화하면서 다양한 맥주를 수도 없이 만들어냈다.
BARLEY
포터, 비엔나 라거, 벨기에 휘트 같은 스타일은 본 고장에서는 거의 사라졌다.
하지만 미국인들은 어둠 속에 묻혀 있던 이들을 다시 살려냈다.

맥주 스타일: 벨기에 휘트

Belgian Wit

벨기에 플랑더즈 지방의 한 낙농가가 없었다면 우리는 아마 벨기에 휘트 비어를 즐기지 못했을지도 모른다.

미국에서 크래프트 맥주 붐이 일어나기 10여 년 전에, 전통 맥주를 만들던 후가르든이라는 마을의 한 목장주가 거의 사라졌던 맥주 스타일을 혼자서 되살려냈다.
그 후로 이 맥주는 전 세계에서 엄청난 인기를 얻었다.
후가르든의 휘트('희다'는 뜻의 네덜란드어) 맥주는 아주 연한 색에 뿌연 외관이 인상적인데, 싹틔우지 않은 밀을 섞어 양조하기 때문이다. 가끔 귀리를 넣기도 한다. 또한 고수와 씁쌀한 퀴라소 오렌지 껍질 말린 것을 넣어 특유의 감귤 향이 나기도 한다.

후가르든 마을의 마지막 양조장은 1957년에 문을 닫았다.

필스너 라거의 인기가 너무 좋았기 때문이었다.
그러다 1966년, 이 마을에서만 맛볼 수 있는 고유의 맥주가 사라지는 것을 아쉬워하던 목장주 피에르 셀리스가 셀리스 양조장을 열었다. 장소를 몇 번 옮기고 확장을 거듭하면서, 나중에 이름을 네덜란드어로 은신처라는 뜻의 '드 클라위스'라고 바꾸었다.
1985년에 드 클라위스 양조장에 불이 났다. 셀리스는 수리할 돈을 마련하기 위해 어쩔 수 없이 벨기에의 거대 주류 회사 인터브루에 드 클라위스의 주식을 팔았다. 하지만 셀리스와 인터브루는 드 클라위스를 어떻게 운영할지 합의하기가 쉽지 않았다.

그러다 셀리스는 자신이 보유한 주식 모두를 팔아버리고, 미국 텍사스로 집을 옮긴다.

셀리스는 텍사스의 오스틴에 자리를 잡았다. 그를 이곳으로 이끈 이유가 몇 가지 있는데, 우선 미네랄이 풍부한 물이 있고, 인근에서 재배한 겨울밀을 쉽게 확보할 수 있었다. 무시할 수 없는 또 하나의 이유가 있었는데 그것은 텍사스 사람들의 느릿느릿한 말투였다. 벨기에 사람 귀에는 그래도 그 말이 잘 들렸던 것이다.
1992년 셀리스는 휘트 비어를 만들 새로운 양조장을 열었다. 성공적이었다. 하지만 잘된다고 공장을 너무 키웠다. 2000년 공장을 팔아야 했고 결국 문을 닫았다.

셀리스의 휘트 비어는 수많은 모방작을 낳았다. 미국의 크래프트 맥주 시장에서 가장 많이 흉내 낸 맥주 중 하나였다. 심지어 거대 맥주 회사인 쿠어스도 이 스타일의 맥주를 만들었고, 이제는 쿠어스의 블루문을 전 세계에서 만날 수 있다.
한때 사라져버린 맥주에 새로운 생명을 불어넣은 셀리스는 2011년, 86세의 나이로 세상을 떴다.

하지만 피에르 셀리스가 부활시킨 휘트 비어의 생명은 앞으로도 계속될 것이다.

미국에 진정한 맥주 문화가 나타나기 시작했다. 아니, 부활했다고 하는 게 맞겠다.
BIRDLAND
미국의 재즈 음악이 그랬던 것처럼, 크래프트 맥주도 예전의 제약들에서 벗어나,
반복과 일탈을 거듭하며 옛날 스타일을 새롭게 만들어내고 있다.
아이피에이(IPA)를 만들면서, 짙은 색 몰트나 과일 향이 나는 벨기에 효모를 사용하기도 한다.
맥주를 위스키 나무통에 넣어 숙성하거나 이색적인 재료를 첨가하기도 한다.
야생 효모는 물론이고, 예전 같으면 살균된 발효 저장실에 있으면 안 되는 것으로 여겨졌던 미생물을 넣어 '파격적'인 맥주를 만들기도 한다.

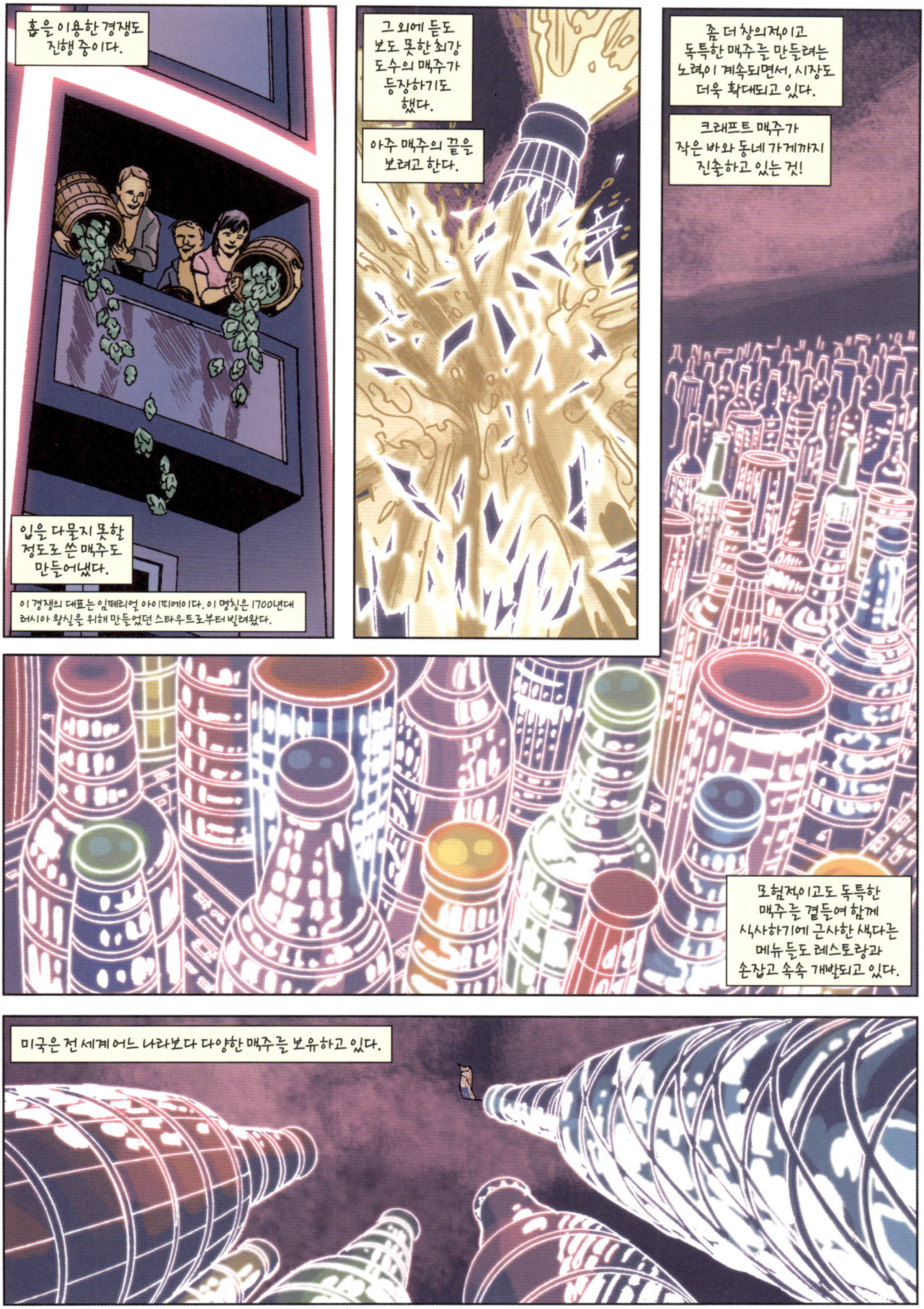
홉을 이용한 경쟁도 진행 중이다.
입을 다물지 못할 정도로 쓴 맥주도 만들어냈다.
이 경쟁의 대표는 임페리얼 아이피에이다. 이 명칭은 1700년대 러시아 왕실을 위해 만들었던 스타우트로부터 빌려왔다.
그 외에 듣도 보도 못한 최강 도수의 맥주가 등장하기도 했다.
아주 맥주의 끝을 보려고 한다.
좀 더 창의적이고 독특한 맥주를 만들려는 노력이 계속되면서, 시장도 더욱 확대되고 있다.
크래프트 맥주가 작은 바와 동네 가게까지 진출하고 있는 것!
모험적이고도 독특한 맥주를 곁들여 함께 식사하기에 근사한 색다른 메뉴들도 레스토랑과 손잡고 속속 개발되고 있다.
미국은 전 세계 어느 나라보다 다양한 맥주를 보유하고 있다.

미국의 이런 열정적이고
혁신적인 노력은
전 세계로 퍼져나갔다.

미국식 에일이 더블린의
술집에 보이기 시작하고…

최근에는 이탈리아의 브루펍에서 자국의
견과류나 지중해산 허브를 넣어 그 지역
고유의 독특한 맥주를 만들기도 한다.

수백 년이나 된 벨기에의
양조장에서도 미국산
홉을 수입해 강한 벨기에
아이피에이를 내놓는다.

크래프트 맥주 양조장은
중국에서 남아프리카까지,
팔레스타인에서 태평양
건너 페루까지 전 세계 모든
곳에서 생겨나고 있다.
이제 우리는 크래프트 맥주가
주류가 되는 세상에 살고 있다.
2015년 기준으로, 미국에만
3200개의 양조장이 있다.
그리고 2000개
이상이 설립을 계획
중이라고 한다.
1979년 미국에 양조장이 44개뿐이었다는
걸 떠올린다면, 현재의 변화 속도와 폭은
그저 놀라울 따름이다.
Beer
크래프트 맥주가 각광을 받기 시작한 바로 그 시점에, 인근의 식자재를
이용해, 인스턴트가 아닌 슬로푸드를 먹자는 흐름이 함께 떠올랐다. 그러면서
맥주에서도 유기농 보리를 이용하고, 자신이 직접 보리싹을 틔워 구워내는
'마이크로몰팅'이 점점 퍼졌다. 양조장 인근의 홉만을 이용하거나 건조하지
않은 신선한 홉으로 맥주를 만드는 특화된 양조장이 늘어나면서,
소규모 홉 농장도 미국 곳곳에 생겨나고 있다.

REVOLUTION

THE WORD REVOLUTION DOES NOT SIGNIFY THE SUDDEN APPEARANCE OF SOMETHING NEW AND UNPRECEDENTED. INSTEAD IT INDICATES A RETURN — LIKE OUR PLANET COMPLETING ITS ORBIT AROUND THE SUN.

WEST NORTH WORLDWIDE SOUTH EAST

Revolution is a homecoming to what's old, pure, and foundational. It's a journey back to and reinstatement of the uncorrupted first principles

THAT WERE ALWAYS MEANT TO BE.

THE CONTEMPORARY STATE OF BEER BEAUTIFULLY EMBODIES THIS UNDERSTANDING OF THE TERM REVOLUTION.

THE WORLD TODAY DRINKS AND PRODUCES

MORE BEER

THAN EVER. THE MAJORITY OF IT MAY STILL BE RENDERED ON A MASSIVE SCALE AND MAY UTILIZE LONG-ESTABLISHED AND SAFELY CROWD-PLEASING RECIPES.

BUT BEER'S REVOLUTION IS SOMETHING OF A RETURN TO FIRST PRINCIPLES BECAUSE BEER ONCE AGAIN IS WIDELY MADE BY ARTISANS RATHER THAN INDUSTRIALISTS.

CRAFT BREWING AND HOMEBREWING REDEEM BEER AND RESTORE IT TO ITS ORIGINAL STATE: SMALL-BATCH, HAND-HEWN CREATIONS OF COUNTLESS KETTLES AND HEARTHS.

→ 171쪽 참조

The brewing revolution is also a boomerang shot to its
Beginnings
for redoubling legions, Beer
is once again a
product made and enjoyed in a specific native habitat.
THIS IS A RETURN TO HOW THINGS HAD BEEN FOR THE LONG CENTURIES WHEN PEOPLE SAVORED THE YIELD OF THE TOWN BREWERY, THE YONDER COUNTRY HOUSE, THE QUIET MONASTERY ON THE RIDGE ABOVE THE FIELDS, THE FUSSING WIDOW IN THE EARTHEN HOVEL DOWN THE LANE, OR THE TEMPLE-DWELLING SERVANTS OF THE HIGH PRIESTESS.
FOR EVER MORE
PEOPLE
IN EVER MORE PLACES, BEER CAN BE—LIKE IT FIRST WAS—A TASTE OF HOME.
AS AN EXPRESSION OF THE LOCALE (OR *TERROIR* IF YOU WANT TO GET FANCY) THAT BIRTHED IT, BREWS CAN BE BUILDING BLOCKS OF OUR VERY IDENTITIES.
THOSE IDENTITIES MAY BE OUR OWN. OR, SINCE DEVOTEES OF BEER ARE KNOWN TO BOTH TRAVEL FROM PLACE TO PLACE AND DELIGHT IN BREWS THAT HAVE THEMSELVES CROSSED BORDERS, THE SHADES OF IDENTITY THAT BEER CAN IMPART CAN BE SOMETHING TO TRY ON.

→ 171쪽 참조

Like Clothes or Costumes,

NEW BEERS CAN HELP US IMAGINE SOMEONE ELSE WE MIGHT HAVE BEEN OR COULD YET BECOME.

Beer has come full circle in one additional and most meaningful way.

OUR ANCESTRAL BEER LOVERS

DID NOT PARTICIPATE IN ANY KIND OF RIGID DEFINITION OF WHAT BEER IS. THEIR DRINK MAY OR MAY NOT HAVE BEEN AROMATIZED WITH HOPS, SWEETENED WITH BERRIES, OR MADE PUNGENT WITH A PANOPLY OF PLANT MATTER.

THEIR DRINK MIGHT HAVE BEEN FIZZY OR FLAT. AND WHETHER BASED IN BREAD OR STAND-ALONE MALTED CEREAL GRAINS, IT COULD HAVE ARISEN FROM ANY COMBINATION OF GRAINS, CULTIVATED OR EVEN WILD (SOME OF WHICH MAY NOW EVEN BE EXTINCT).

BEER'S MODERN REVOLUTION ONCE AGAIN BRINGS US BACK TO THAT ANCIENT, INCLUSIVE, AND, ABOVE ALL, FUZZY DEFINITION OF WHAT BEER IS.

→ 171쪽 참조

SOCIAL MEDIA

and the INTERNET

HAVE CREATED AN EXPLOSION OF KNOWLEDGE ABOUT BREWING TECHNIQUES AND APPRECIATION. AND TO STAND OUT FROM THE TEEMING THRONG OF COMPETITORS, SOME BREWERS ARE PULLING OUT ALL THE STOPS. MORE THAN A FEW BATTER AT BEER'S TRADITIONAL BOUNDARIES SOLELY FOR THE SAKE OF EXPERIMENTATION. OTHERS MAY JUST WANT TO GRASP AT THE DIGITAL STRAWS OF ELECTRONIC PUBLICITY. BUT AS OUTLANDISH AS THE WARES OF THESE PROFESSIONALS AND HOBBYISTS MIGHT BE, THEY REMAIN, AT LEAST IN A TECHNICAL SENSE, BEERS.

SO IN THE THROES OF Revolution

Beer has rebounded from a barley-water-hops-yeast elixir to its purest essence: an alcoholic drink made from fermented grain.

It has become a virtually blank canvas for both auteur and dilettante artists.

→ 171쪽 참조

WE ARE ASTONISHINGLY
LUCKY
TO FIND OURSELVES DRINKING BEER AT THE BEST TIME TO DO SO IN ALL OF HUMAN EXISTENCE!
BEER HAS SURVIVED THE PLUNGING OF CIVILIZATION INTO THE DARK AGES. IT HAS SURVIVED THE BLACK PLAGUE, WORLD WARS, AND PROHIBITION — AS WELL AS THE INNUMERABLE, UNKNOWABLE PERILS FACED BY EARLY HUMANITY.
AND MAYBE, JUST MAYBE, THE CONVERSE IS TRUE: THAT HUMANITY SURVIVED THOSE SLINGS AND ARROWS...
...Because of Beer!
For the moment
we have relative
PEACE AND
PROSPERITY
WE HAVE TRIUMPHAL, WIDE-RANGING INDIVIDUALISM AND TECHNICAL KNOW-HOW, WHICH HAVE ALLOWED SO MANY TO JOIN THE RANKS OF BREWERS. TRADE AN TECHNOLOGY (AND PROFITS) HAVE BROUGHT BEERS FROM AROUND THE GLOBE TO OUR DOOR.
LET US GO TO THEM.

→ 171쪽 참조

우리는 마음껏 맥주를 즐길 수 있고, 또 그래야 한다.
꼬치꼬치 따져볼 필요는 없다.
BEERUN
그래도 맥주에는 엄청나게 다양한 이야기가 스며 있다는 정도는 알면 좋지 않을까?
그래서 이런 사연을 알아보자는 초대에 기꺼이 응한다면,

단순히 고르고 맛만 보던 순간을 다이내믹하고도 뿌듯한 시간으로 끌어올릴 수 있을 것이다.
조금이라도 의미 있는 순간으로…
맥주 한 병을 마시면서,
그게 어떤 맥주라도…
특정한 맛이나 느낌만 고집할 필요는 없다.

맥주 한 잔을 통해 얽히고설킨 기후와 농업의
변화무쌍한 세계를 떠올릴 수도 있다.
거기에는
사회와 종교도…
경제와 지리도…
과학과 사상까지도
담겨 있다.

잔잔한 소용돌이에서
집어삼킬 듯한 파도까지,
야, 이거
진짜 SNS에
올려야겠는데!

인간의 역사가 만든
수많은 굴곡이 맥주 한 모금에
배어 있는 것이다.
The END

본문 내용(162~166쪽)

162쪽

혁명
혁명은 이전에 존재하지 않던, 완전히 새로운 무언가가 불쑥 나타나는 것이 아니다. 그보다는 다시 돌아온다는 의미가 강하다. 지구가 태양 주위를 돌아 제자리로 오는 것처럼 말이다.
혁명이란 옛날로, 순수로, 본질로 돌아가는 것이다. 그것은 귀환이고 때묻지 않은 초심으로의 복귀다.
세상은 언제나 그러했다.
맥주의 현재 상황은 혁명이라는 말이 지닌 이런 새로운 의미까지도 멋지게 담아낸다.

오늘날에는 그 어느 때보다 많은 맥주를 만들고 마신다. 그리고 지금 마시는 맥주의 대부분은 대규모로 생산되고, 수많은 시행착오를 거쳐 확립된, 대중의 기호에 딱맞는 레시피를 이용한다.
하지만 맥주의 혁명은 첫 번째 원칙으로 돌아가고 있다. 맥주가 전 세계 많은 곳에서 다시 한 번, 공장이 아니라 장인의 여문 손끝에서 만들어지고 있는 것이다.
크래프트 맥주와 홈브루잉은 맥주를 원래 모습으로 돌려놓고 있다. 먹을 만큼만 만들고, 손때 묻은 수많은 솥과 불길을 거치면서.

163쪽

맥주 양조의 혁명은 직접 만들어 먹는 사람들을 한층 늘리면서, 초창기로 눈길을 돌린다. 이제 자신이 사는 곳에서 만들어 마시는 맥주가 다시 나타나고 있다. 집 주변 양조장에서 만든 맥주 맛을 즐기던 지난 수백 년 전으로 돌아가는 것이다. 그 옛날에는 시골집과 들에서 한참 올라가면 언덕 위에 고즈넉한 수도원이 있었다. 시골길을 따라 내려가면 흙집에서 수다스러운 아줌마가 고개를 내밀고, 교회당에서는 나이 많은 수녀님이 사람들을 맞아주었다.

더욱 많은 사람이, 보다 많은 곳에서, 애초에 그랬던 것처럼 맥주에서 고향의 맛을 느끼고 있다.
크래프트 맥주에는 향토의 맛, 조금 멋을 부리면, 테루아르가 담겨 있고 우리의 참모습이 반영돼 있다. 이들 참모습은 고향에 머물던 우리 자신일 수도 있고, 이곳저곳 돌아다녔던 많은 맥주 애호가들의 입맛일 수도 있고, 국경 너머 오갔던 다양한 맥주의 모습일 수도 있다. 맥주의 이런 다양함이 오늘날 다시 한 번 펼쳐지고 있다.

164쪽

옷이나 구두처럼,
새로운 맥주는 우리가 꿈꿔왔던 색다른 모습, 아니 되고 싶었던 모습을 상상하게 만든다.
맥주가 다시 한 번 우리에게 혁신적인 원래의 모습으로 찾아왔다.

맥주를 사랑했던 우리 선조는 맥주는 어떠해야 한다는 생각에 집착하지 않았다. 홉으로 향을 내거나, 베리로 달콤하게 하거나, 아니면 여러 식물을 섞어 톡 쏘는 자극을 주기도 했다.
거품이 풍부하게 솟기도 하지만, 그렇지 않을 수도 있었다. 빵으로 만들기도 하고, 싹틔운 곡물만 써서 만들기도 했다.
모든 맥주는, 재배하든 야생이든 다양한 곡물로 만들었다.(그중 몇 가지는 이미 멸종해서 사라지기도 했다.)
현재진행형인 맥주 혁명은 이 모든 것을 받아들인다. 뿐만 아니라 한걸음 더 나아가 맥주라고 애매하게 이름 붙였던, 아니, 단어의 뜻 그 자체를 뛰어넘었던 고대의 맥주로 돌아가고 있다.

165쪽

소셜 미디어와 인터넷은
맥주 만드는 기술과 맥주 맛을 평가하는 지식을 폭발적으로 퍼뜨렸다. 수많은 경쟁자들 사이에서 돋보이기 위해 사람들은 다양한 시도를 마다하지 않는다. 전통으로나 내려오던 맥주를 이제는 실험 대상으로 두드려보는 양조장이 한둘이 아니다. 인터넷 시대에 맞게 디지털을 이용한 홍보 라인을 얻기 위해 애쓰는 곳도 있다. 맥주 전문가나 애호가가 만든 맥주가 너무 특이해 보일 수도 있을 것이다. 하지만 그것들도 여전히 맥주인 것만은 분명하다.

혼돈과 어려움으로 가득했던
혁명을 거치면서
맥주는 보리와 물, 홉과 효모가 만들어내는 신비의 묘약에서, 곡물을 발효시켜 만든 알코올 음료라는 순수한 본질로 돌아갔다.
장인이든 초보자든 모든 사람에게 무엇이든 그려볼 수 있는, 흰 도화지가 생긴 것이다.

166쪽

우리는 엄청나게 운이 좋다.
역사를 통틀어 먹고 싶은 맥주를 바로 마실 수 있었던 적은 지금 말고 단 한 번도 없었다!
맥주는 문명이 암흑시대에 빠졌을 때도 살아남았다. 흑사병과 세계대전과 금주법도 버텨냈다. 우리보다 앞선 인류가 직면했던 수많은, 하지만 알려지지 않은 무수한 위험을 견뎌냈다. 그리고 아마도, 이건 진짜 너무 멀리 간 것인지도 모르지만, 그 반대도 진실이다. 인류는 돌팔매와 화살에서 살아남을 수 있었다, 바로 맥주 덕분에!

지금 우리는 예전보다 한층
평화롭고 윤택하다
개인주의가 자리 잡고, 기술적인 노하우가 공유되면서, 많은 사람이 다양한 규모와 방법으로 맥주를 만든다.
무역과 기술 (그리고 이윤) 덕분에
우리는 전 세계 어느 곳의 맥주라도 바로 이 자리에서 만날 수 있다.
자, 이제 마시러 가자.

찾아보기

옮긴이 서연

맥주가 좋아서 맥주를 마시고, 맥주에 관한 글을 읽고, 맥주에 대해 쓰고 있습니다. 만드는 것을 좋아해서 이것저것 만들다가, 결국 맥주를 만들고 있습니다. 지금은 맥주를 만들면서 대학 때 전공으로 배웠던 화학이 이렇게 사용되는구나를 새롭게 느끼고 있습니다.

THE COMIC BOOK STORY OF BEER:
The World's Favorite Beverage from 7000 BC to Today's Craft Brewing Revolution
by Jonathan Hennessey and Michael Smith
Art by Aaron McConnell, Lettering by Tom Orzechowski

만화로 보는 맥주의 역사

농업의 탄생에서 크래프트 맥주의 혁명까지,
세상 모든 사람들이 즐기는 맥주의 모든 것

지은이 글 조너선 헤네시, 마이클 스미스
그림 아론 맥코넬, 레터링 톰 오르지코우스키
옮긴이 서연
한글판 디자인 류지혜

1판1쇄 발행 2016.10.10
1판3쇄 발행 2017.10.13

펴낸곳 **계단**
출판등록 제 25100-2011-283호
주소 (02833) 서울시 성북구 동소문로3-1 혜진빌딩 3층
전화 02-712-7373
팩스 02-6280-7342
이메일 paper.stairs1@gmail.com

가격은 뒤표지에 있습니다.
ISBN 978-89-98243-05-0 03590

이 도서의 국립중앙도서관 출판시도서목록(CIP)은 e-CIP홈페이지(http://www.nl.go.kr/ecip)와 국가자료공동목록시스템(http://www.nl.go.kr/kolisnet)에서 이용하실 수 있습니다. (CIP제어번호:CIP2016022320)